AF314554

IMPRESSIONS ET SOUVENIRS

D'UN COLONIAL

DU MÊME AUTEUR :

Cambodge et Cambodgiens

MÉTAMORPHOSE DU ROYAUME DE LA MER

PAR

UNE MÉTHODE FRANÇAISE DE PROTECTORAT

Un volume in 4°, avec de nombreuses planches et figures,
une carte . . . . **40 fr.**

Paul COLLARD

Impressions

et

Souvenirs

d'un Colonial

PARIS

SOCIÉTÉ D'ÉDITIONS
GÉOGRAPHIQUES, MARITIMES ET COLONIALES

17, RUE JACOB, VIe

—

1925

A LA MÉMOIRE

DE MON PÈRE ET DE MA MÈRE

INTRODUCTION

En nous créant, Dieu mit en nous une tendance secrète à lever les yeux vers le ciel, à faire un retour en arrière, à orienter nos aspirations c'est-à-dire à nous rappeler notre origine et notre destination.

De là, une nostalgie de caractère particulier lorsque l'homme se double d'un colonial et d'un chrétien.

Chez le colonial, c'est la nostalgie soit du ciel d'origine, soit des ciels lointains et lumineux sous lesquels il a servi la France ; c'est la nostalgie des firmaments qui invitent à la contemplation et à la poësie, qui ont éclairé ses impressions et qui colorent ses souvenirs, qui, suivant le rythme des saisons, ravivent ses tristesses et ses joies, et qu'il a encore dans les yeux lorsqu'il rêve sous le ciel d'Italie ou sous le ciel de France. Quand l'amour du passé soutient la tendance à regarder en arrière, alors la nostalgie des ciels contemplés, des émotions ressenties se confond avec celle de traditions, de rites qui se perdent et qui laissent l'âme aussi émue que devant des traits aimés qui s'altèrent ou que la distance estompe.

Chez le chrétien, c'est la nostalgie du ciel auquel s'est appuyée l'échelle de Jacob et sous lequel ont passé les patriarches et les prophètes, les bergers de la nuit de Noël et la Sainte Famille en exil ; c'est la nostalgie de la cité divine réservée à l'élite des cités humaines et l'espérance de revoir tous les êtres aimés, dans la résurrection de leur chair, au cours de l'éternité bienheureuse, où retentiront, également éternels, l'hosanna et l'alleluia de la reconnaissance.

La voix qui, sous ces influences, s'élève dans cette modeste prose à travers l'Egypte, l'Italie, le Cambodge, la Provence, monte des lointains du passé, du pays natal : l'île Bourbon. Elle est heureuse de saluer ici M. Guillaume Grandidier, Secrétaire Général de la Société de Géographie, Administrateur délégué de la Société d'Editions Géogra-

phiques, Maritimes et Coloniales, et M. Georges Courty, Directeur de cette Société. Elle leur adresse les plus sincères remerciements pour les encouragements, l'accueil, le soin qu'ils ont réservés à l'auteur de « Cambodge et Cambodgiens » et des « Impressions et Souvenirs d'un Colonial. »

P. C.

UNE VOIX DE L'ILE BOURBON

De profundis clamavi.

Pâle, transparente, les yeux clos, elle semble dormir dans le sillon que ses grâces ont creusé sur sa couche encore tiède.

Le souffle de la nuit, qui entre par la croisée entr'ouverte, soulève les rideaux et fait trembler sa collerette. Au-dessus de son front, dont la pensée a fui vers l'éternité, dansent les fils d'or de sa chevelure qu'elle a nouée, il y a une heure, et qui lui fait une auréole sur l'oreiller où sa tête repose.

Au ciel qu'illuminent des millions d'étoiles semblables à des clous d'or piqués à sa voûte d'indigo, la Croix du Sud rayonne de toute sa splendeur, crucifix lumineux suspendu sur les solitudes australes.

Calme et berceur, ce soir, on entend l'Océan dont le murmure expire au pied des montagnes qui enlacent, comme d'un bras caressant, Saint-Denis, notre petite capitale. Sa voix se mêle, là-bas, sur le rivage, à la voix discrète des filaos dont le feuillage, en aiguilles comme celui des pins, chante, comme lui, au moindre souffle, et, le long des côtes enchantées de mon île, aux abords des petits cimetières, semble, jour et nuit, chuchoter à l'oreille de nos morts on ne sait quels mots, toujours les mêmes.

Autour de l'endormie, tout sommeille, à la clarté d'une veilleuse de plafond, dont la lumière tombe de la rosace voilée d'ombre.

Dans le silence, monte, triste et grave, un chant de violoncelle, mélopée funèbre, écho d'âme brisée. La voix de l'instrument s'enfle et vibre sous l'archet, coupée de sanglots et d'appels désespérés qui éclatent sur les cordes et vont mourir sous les tentures.

Elle n'entend pas ce chant de la douleur. Son oreille est engourdie comme sa paupière est fermée : pour toujours. Le sourire ébauché au coin de sa lèvre s'y est figé : c'est le dernier. Son âme est remontée vers les régions sereines d'où elle est venue.

Et lui, seul auprès d'elle, dans le silence de la nuit perlée d'étoiles, crie son désespoir, à la clarté rose de la veilleuse.

Ils s'aimaient comme on s'aime au printemps de la vie, comme s'aiment les heureux faits pour gravir la côte ensemble. Ils avaient réalisé l'idéal qui unit et confond deux âmes sœurs dans l'amour et dans la même soif d'harmonie.

Il joue seul maintenant, les yeux noyés de larmes. Il joue parce que, lors de l'adieu, sous les baisers dans lesquels elle vient de lui infuser un peu de son âme, elle lui a demandé de bercer ainsi son premier sommeil dans l'infini.

Et le souffle de la nuit que laisse entrer la croisée ouverte soulève les rideaux et fait danser les fils d'or de sa chevelure qu'elle a nouée négligemment, tout à l'heure, avec une dernière coquetterie de mourante.

Ils ne chanteront plus ensemble les alléluias du bonheur et l'ivresse de vivre. Ses doigts qui se glacent ne diront plus au clavier l'extase des duos aimés. Son âme s'en est allée vers les lointains ignorés d'où l'on ne revient pas. Le sourire ébauché au coin de sa lèvre s'y est figé : c'est le dernier.

Et le violoncelle sanglote près de ce qui reste d'elle, sous les tentures et sous la clarté rose.

Demain, pour sa dernière sortie, l'après-midi s'embellira des clartés habituelles de l'hémisphère austral, comme, cette nuit, le firmament se pare du scintillement de toutes ses étoiles, au milieu desquelles rayonne la Croix du Sud, crucifix lumineux suspendu sur les solitudes antarctiques.

Pourquoi faut-il qu'on meure sous un ciel aussi pur, dans une atmosphère si sereine et si douce ? Du moins, la tombe où elle va reposer ne revêtira jamais le triste manteau blanc sous lequel la terre grelotte dans l'hémisphère opposé, durant les longues nuits de l'hiver et ses jours si vite écoulés. La nature, au contraire, souriante et fleurie, parera, toute l'année, la pierre sous laquelle la rejoindra plus tard celui qui lui a donné son nom, l'ami dont le violoncelle sanglote près de ce qui reste d'elle.

Et, quand retentira sur les tombeaux la sonnerie de la fin des temps et de la diane des morts, ils reprendront tous deux, tous deux poursuivront leur beau rêve suspendu, ce soir, leur beau rêve assuré désormais de l'éternelle durée.

Ah ! Celui qui, seul, pouvait imaginer, pour notre châtiment, la séparation terrible qu'est la mort, est aussi le seul qui pouvait imaginer, pour notre récompense, la résurrection de notre chair dans l'indicible félicité de là-haut, dans le délire de revoir, ouverts sur nous pour toujours, tant d'yeux aimés que nous avons vus se fermer.

Jusque-là, le soleil dorera sa sépulture, rafraîchie par la brise du large et par des ondées bienfaisantes. L'Océan qui baigne ces rivages bercera son long sommeil, tantôt de sa voix irritée, tantôt de sa voix caressante, comme ce soir. Et les filaos en bordure du petit cimetière où elle dormira demain chuchoteront, nuit et jour, à son oreille, leur phrase toujours la même, pour bercer, eux aussi, son sommeil dans l'infini.

En attendant, le souffle de la nuit, qui entre par la croisée ouverte et soulève les rideaux, fait danser les fils d'or de sa chevelure ; et le violoncelle sanglote près de ce qui reste d'elle sous les tentures et sous la clarté rose.

IMPRESSIONS D'ÉGYPTE

I

EN MER ROUGE. — ACCIDENT DE MACHINE.

Nous étions partis de Marseille le 10 octobre. Notre paquebot l'*Ernest-Simons*, des Messageries Maritimes, coulé depuis par un sous-marin boche en Méditerranée, avait passé le Canal de Suez dans la journée du 15 et descendait la mer Rouge depuis l'aube du 16. Soudain grand silence à bord. Les machines se sont arrêtées. Les cabines se vident. Les passagers qui ont prolongé la sieste regagnent le pont précipitamment. Les interrogations se croisent de l'avant à l'arrière, sans inquiétude, toutefois, car il n'y a pas eu d'explosion et le temps est admirable. On monte enfin de la machinerie. Ce n'est rien : une bielle a éclaté. Mais la pièce à remplacer n'ayant pas de rechange à bord, il est nécessaire de retourner à Suez dont nous sommes à dix heures en vitesse normale et que nous regagnerons lentement ; car, sans la bielle qui fait défaut, notre vitesse est très réduite.

Les machines reprennent leur bruit rythmé bien connu. Les marins sont à leur poste d'appareillage. Le sifflet du maître d'équipage commande les manœuvres. Nous virons bord sur bord et remontons la mer Rouge. Le désert Arabique, qui va jusqu'au Nil Egyptien, s'étend maintenant à notre gauche. Il était tout à l'heure à notre droite. A tribord, nous avons le vilayet de l'Hedjaz, où, plus bas, sont Médine et la Mecque. Au jour, le Sinaï se dessine à l'horizon. Nous sommes entrés dans le goulet qui aboutit à Suez où nous arrivons dans la matinée du 17, après avoir aperçu, au levant, la fontaine de Moïse dans son oasis de dattiers.

II

DANS LE PORT DE SUEZ.

Nous voici au 20 octobre. Nous ne pourrons pas partir avant le 26. C'est le paquebot l'*Australien* qui nous apportera de France la pièce que le port de Suez n'est pas à même de nous procurer, et il ne quittera Marseille qu'aujourd'hui.

J'ai laissé l'*Ernest-Simons* se vider de nombreux passagers qui ont été faire au Caire une longue escale à laquelle est condamné notre steamer. Je pense aller moi-même visiter la capitale de l'Egypte. J'y ai peut-être pensé l'un des premiers ; mais j'irai seul. Lorsque je puis le faire, je m'affranchis de toute caravane, de tout trip, fût-il de Cook. Il est si pénible de sentir passer sur ses émotions des réflexions comme celles qu'on entend souvent en voyage et qui, toujours, sont faites à haute voix, pour être entendues, leurs auteurs étant impitoyables, implacables.

En attendant, nous passons le temps comme

nous pouvons. Au cours de la journée, la Cie des Messageries Maritimes fait circuler une chaloupe à vapeur mise à notre disposition pour nous transporter au Suez Européen, c'est-à-dire au Suez qui longe le canal. Une embarcation locale fait, à notre intention, le service entre le paquebot et le train qui dessert le Suez indigène.

Etant donnée l'escale de plusieurs jours que nous sommes appelés à faire, on a pris le soin d'amarrer l'*Ernest-Simons* à cinquante mètres de la jetée. L'on met ainsi une honnête distance de câble entre le vapeur et les vagabonds des quais, dont l'espèce existe là comme dans tous les ports du monde. Le soir, les âniers arabes viennent nous proposer leurs ânes pour la promenade. Nous hêlant de la jetée, ils nous les présentent en les nommant : Môchieu, vouloir Chamberlain, Dreyfous ? Courir très bien. Comme le vent ! Madame, vouloir Loubet, Fallières ? Anes première qualité. Très bons pour les Madames. » Ces ânes ne sont pas seulement offerts sous des noms alléchants. Il en est auxquels leur âniers prêtent encore une ascendance flatteuse. C'est ainsi qu'à Suez, comme à Port-Saïd, comme à Alexandrie, se retrouve l'âne que son maître présente comme le descendant de celui qui servit de monture à Napoléon ; c'est ainsi qu'aux voyageurs qu'il voit sortir d'une église catholique, l'ânier offre le descendant authentique de l'âne qui porta la Vierge, dans la fuite en Egypte.

Le Suez indigène n'a rien qui attire. Une seule rue en bordure de la lagune. Des maisons arabes, gourbis de petites dimensions, jetés sans ordre ; de la terre noire imprégnée de poussière de charbon ; quelques arbres étonnés de se trouver là ; des femmes qui passent dans leurs vêtements sombres, ne montrant que leurs yeux et l'ornement de cuivre sous lequel l'usage condamne leur nez à rester invisible.

De notre paquebot, nous avons, du lever au coucher du soleil, un panorama d'une étrange séduction. Un grand silence, sous un ciel d'une douceur inouie. Au loin, dans la lumière atténuée d'octobre, des montagnes mauve pâle dont les pentes viennent mourir sur les dunes de sable doré. Au-devant d'elles, la mer, d'un bleu atténué comme celui du ciel qui s'y reflète. Tout ce qui s'offre aux yeux est d'une coloration qu'on ne retrouve pas ailleurs. Le ciel, la mer, les montagnes, les côtes marient dans un ensemble si harmonieux

leurs couleurs adoucies qu'on éprouve, en les
parcourant des yeux, une sensation intense de
repos et d'apaisement. Ces nuances, pâlies comme
des nuances sur le point de s'éteindre, font penser
à l'âge de cette terre dont l'histoire remonte si
haut dans le temps. 4.700 ans avant J.-C., dans
la brume épaisse des origines, Ménès avait déjà
fondé la première dynastie de ses rois. L'Occident
n'était même pas en germe que la civilisation
avait pénétré l'Egypte depuis près de cinquante
siècles. Depuis, trente et une dynasties de souverains indigènes se sont succédé sur les bords du
Nil. Et les Perses, les Grecs, les Romains, les
Arabes, les Turcs ont successivement pris la place
des Pharaons, au cours de périodes longues chacune de siècles et de siècles, faisant vieille de
6.600 ans cette auguste aïeule des races. A la
faveur de ces réflexions, il semble naturel que
des paysages si anciens paraissent ainsi déco-
lorés. Quand on songe, d'autre part, que Dieu
les a regardés de si près, l'on s'explique ce
je ne sais quoi de mystérieux, d'infini qui plane,
avec la tradition biblique, sur cette partie du
monde à laquelle appartient la terre d'Abraham
et de Moïse. Le calme idéal qui règne et qui

domine tout ici n'était-il pas inévitable, à la suite
du grand frisson qui ébranla le Sinaï ? Une fois
Dieu remonté, le silence s'est établi là pour main-
tenir dans le recueillement cette région privilégiée. Et le ciel, et la mer, et les montagnes
gardent la beauté dont ils s'étaient parés pour recevoir de si près le souffle et le regard du Créateur. La
nature dit au voyageur qui passe l'extase dans
laquelle elle reste plongée dequis des siècles,
pâmée sous le bleu, sous le mauve, sous l'or aux
tons pâlis de son ciel, de ses montagnes et de ses
plaines de sable.

III

DE SUEZ AU CAIRE. — LE DÉSERT.

A 7 heures 1/2 du matin, un petit train, plus
confortable que je ne le pensais, nous emmène de
Port-Tewfik, situé à l'entrée du Canal de Suez, sur
la mer Rouge. Longeant le canal à droite, le désert
à gauche, nous allons vers la gare d'Ismaïliah où

nous prenons le train du Caire, et nous nous enfonçons dans la solitude de sable qui s'étend devant nous, à perte de vue.

Au moment où nous y pénétrons, apparaît à nos yeux un triple effort de la science et de l'énergie humaines : le canal maritime, qui fait communiquer le Nord et le Sud du monde par les milliers de vapeurs qui le traversent annuellement ; le chemin de fer sur lequel nous voyageons, et le canal qui, depuis le Caire où il reçoit le Nil, vient apporter l'eau douce à Ismaïliah et à toutes les gares du canal maritime. Il n'apporte pas seulement la vie à ces dernières : il la distribue sur tout son parcours, semant d'oasis la route qui le borde et où, sous le soleil de feu qui donne soif, passent des fellahs les uns portés par leurs ânes ou par leurs chameaux. les autres à pied sur le sable brûlant. Les barques égyptiennes le sillonnent, transportant à Ismaïliah les produits de l'Egypte et au Caire les produits de l'Europe. Ceux-ci remontent par le Nil Inférieur entre les montagnes de Lybie et d'Arabie, et, doublant l'île de Philæ, sont emportés, toujours par cette admirable artère fluviale, vers la Nubie d'où ils gagnent l'Abyssinie et le Soudan, des-

servis également par leurs ports orientaux situés
sur la mer Rouge.

Pendant que je me livre à ces réflexions, notre
train s'enfonce de plus en plus dans le désert.
Pas un arbre. Pas une herbe. Jusqu'aux extrêmes
limites de l'horizon, du sable, rien que du sable
en larges vagues, comme s'il avait été soulevé par
on ne sait quelle houle souterraine, du sable aux
grandes ondulations, semblables à celles des
océans au lendemain des tourmentes. C'est
l'œuvre du vent violent et chaud, qui, montant
des profondeurs méridionales du Sahara, vient de
temps en temps rompre le silence funèbre qui
plane sur l'espace immense et abandonné compris
entre l'Atlantique et la mer Rouge. Pour le moment,
c'est le calme plat sur l'étendue désolée qui se
déroule à nos yeux. L'on ne perçoit pas un souffle
d'air. Sur la plaine infinie, les rides dessinées par
de petites brises récentes ressemblent à celles que
le vent met sur l'eau et sont immobiles à perte
de vue. L'atmosphère se fait de plus en plus tiède.
Le sol a des miroitements de brasier qui couve
sous la cendre. D'une extrémité à l'autre du cercle
que ferme le ciel, d'un bleu très clair dans la
lumière intense du soleil, rien que la mer de sable

fauve dont les vagues et les rides semblent figées, rien que le désert, vision saisissante d'une région de notre globe qui ne participe pas à la vie, terre morte que, sous le tropique du Cancer, l'ardente caresse du soleil empêche de se glacer.

Mais voici un arrêt. Nous sommes à la première gare. Pas un arbre, pas une plante, pas de village. Un cube de maçonnerie blanche perdu sur le sable : la gare d'Abou-Soueir, minuscule sur la plaine dénudée qui n'a que l'horizon pour limites.

Kassassine. — Une seconde gare de même physionomie, mais plus animée. Un marché au soleil, des chameaux, des ânes, des barques égyptiennes qui stationnent sur le canal d'eau douce au bord duquel elle est assise.

Tel-El-Kébir. — Une troisième gare, celle-ci flanquée d'un village coupé, par le canal, en deux parties, que relie un pont de bois. A sa gauche, un cimetière avec son enclos. Des arbres, les premiers entrevus depuis le départ. Nous avons croisé, sur la route parallèle au canal et à la voie ferrée, quelques ânes, quelques chameaux, marchant sans hâte sous le soleil qui commence à se faire chaud. Nous avons aperçu des antennes de barques. Elles dépassent les sables extraits du canal et qui, amoncelés sur un des bords, constituent le remblai de la route.

Abou-Hammad. — Ici commencent des plaines vertes, avec, partout à l'horizon, un joli rideau d'arbres. Les maisons égyptiennes se font plus grandes. Et soudain c'est la sortie du désert. Les champs se couvrent de maïs, de coton aux petites fleurs blanches. Vêtus de longues tuniques flottantes, des laboureurs guident leurs bœufs rouges attelés à la charrue. Les dattiers aux fruits d'or se montrent plus nombreux. Hommes et femmes se multiplient dans les champs. La vie rurale se fait de plus en plus intense. On n'a vu jusque-là que des ânes et des chameaux. Voici des buffles, des moutons, des chèvres. Sur la route, les voyageurs se pressent plus nombreux aussi ; les femmes passent, montées sur des ânes, la tête enveloppée, ne laissant voir que leurs yeux. Autour des sakyehs, ces norias de là-bas, les chameaux tournent sans se hâter ; et les amphores égyptiennes en terre séchée au soleil montent des puits, se suivant en chapelet, lourdes des eaux d'infiltration qu'elles versent aux champs de mil et de maïs. L'œil se repose sur de jolies scènes rurales qui ne rappellent en rien celles d'Europe et qui ont un charme indéfinissable sous ce ciel d'une pureté merveilleuse, dans cette atmosphère de paix et d'engourdissement.

Abou-El-Akdar. — Au milieu des champs, de petites flaques d'eau sur lesquelles s'étalent des feuilles de nénuphar piquées de fleurs roses.

Zagazig. — Un joli minaret en construction. Une gare, une vraie gare. Sur le large quai, des voyageurs aux longues tuniques bleues, blanches, noires, grises, tous coiffés du fez dont le nombre ne cesse d'augmenter. Fleurs rouges dont les tiges sont ces robes de toutes couleurs qui circulent devant notre train. Centre important, maisons indigènes élevées. Quelques Européens, les premiers entrevus depuis Tewfik. On présente à nos wagons des petits paniers pleins de choses servant à l'alimentation indigène, parmi lesquelles je reconnais des arachides et du millet grillé au sucre.

Après Zagazig, la terre devient de plus en plus grasse. Les cultures sont de plus en plus épaisses. Les champs s'animent de plus en plus. Les routes se bordent d'arbres. Une robe bleue passe sur son âne.

Minet-El-Gam. Des poteries blanches qui sèchent au soleil. La première maison en pierres de taille. De nombreux chameaux. De ci-de-là, un minaret surmonté de son croissant qui se dessine noir sur le ciel bleu.

Benha. — Premiers ouvrages européens sérieux. Ponts de fer. Cheminées d'usines. On sent l'approche d'un centre de civilisation intense. Sitôt la gare franchie, nous voici dans la région que le Nil inonde. Les communications sont assurées par une grande chaussée.

IV

LE CAIRE.

Le Caire. — Une grande cité au pied du dernier contrefort de la chaîne d'Arabie, sur le penchant du Mokattam, la ville la plus importante de l'ancien empire turc après Constantinople. Une animation particulière. L'Orient actif, grouillant.

Des tramways, des voitures, des automobiles, au milieu desquels circulent des chameaux, des ânes, des charrettes arabes. Tous les moyens de locomotion indigènes, tous les moyens de locomotion européens. Des cris, des appels, un double courant de robes de toutes nuances portées par les hommes et de robes noires portées par les femmes, toutes voilées. Des boutiques où il y a foule, des rues où il y a foule, des cafés arabes où il y a foule. Des centaines de mosquées lançant dans l'air pur et chaud leurs fins minarets, ces légers clochers de pierre ou de brique des temples mahométans. C'est dans ces derniers que se fait au voyageur parti de France la première révélation de l'art asiatique dont s'est inspiré sans doute l'art musulman. Il y admire de gracieux détails d'architecture venus de la Perse. Il y contemple la dentelle de pierre dont se voilent et s'embellissent les murs et qui sont une des séductions des pagodes hindoues. Telles les arabesques des dômes sous lesquels reposent les saints de l'Islam.

Multipliés dans l'azur, les madenehs y dressent leur tour à plusieurs étages d'où le muezzin appelle les croyants à la prière.

Sur la colline, là-haut, les dominant, dominant tout le Caire, la citadelle que protègent les forts du Mokattam. A ses pieds, les tombeaux des Kalifes, sépultures énormes, sorte de temples sans minarets oubliés là, nécropole des mamelouks.

Du belvédère du Khédive, apparaît à notre regard ce qu'il est venu chercher là, dans la transparence de l'atmosphère égyptienne : le panorama le plus impressionnant de la Basse-Egypte, celui que, depuis des siècles et des siècles, le soleil retrouve le même, chaque jour, le paysage que les générations et les civilisations n'ont pas modifié. Voici le large ruban du Nil, au bord duquel les hauts palmiers de la terre des Pharaons épanouissent leur feuillage en éventail. Le port de Boulak y dresse la forêt de mâts de ses canges et de ses djermes. Plus loin, derrière les palmiers, eux aussi, Memphis et les pyramides de Sakkhara, vénérables aïeules de celles de Giséh. Vers le couchant, Héliopolis, le Sphinx, le groupe des trois grands triangles dont fait partie la sépulture de Khéops. Au-delà, le désert, la solitude immense, le sable fauve jusqu'aux limites extrêmes de l'horizon. Ce paysage est fixé pour toujours. Il s'offre à l'éternelle admiration du voyageur dans sa majesté séculaire que rien n'a pu léser, pas même le temps.

Seuls les hommes changent dans ce cadre, comme des éphémères qui se transformeraient au cours des âges. Au temps des vieilles dynasties indigènes, passaient là des Berbères, des Syriens, des Fils de l'Ethiopie, des nègres du Haut-Nil, des hommes de bronze venant de la Nubie, Puis se mêlèrent à eux des Perses, des Romains, des Grecs, des Arabes, des Turcs. Là se succédèrent Pharaons, Kalifes, sultans, beys mamelouks, vice-rois, khédives. Là, se montrèrent des soldats d'Europe portant une croix sur leur habit. Là, brillèrent, sur un corps d'expédition français, le génie de Napoléon et la valeur de Kléber. Aux pagnes courts des archers et des hommes du peuple égyptien, aux sarraux collant au corps des femmes, ont succédé les vêtements des Persans, des Turcs, des Arabes. Aujourd'hui la mode banale d'Europe circule dans ce paysage étonné de la voir et où domine encore, heureusement, la msallah, la robe flottante arabe.

C'est pourquoi je traverse le Caire avec curiosité, les yeux grands ouverts, soit que je suive les ruelles étroites du faubourg de Boulak, soit que j'erre autour des tombeaux des mamelouks, soit que je pénètre dans la mosquée d'albâtre de Méhémet Ali où je ne suis admis que chaussé de babouches musulmanes. Mais j'ai hâte de sortir de cette atmosphère hybride. Le Caire actuel, c'est de l'Egypte arabe et turque en train de devenir cosmopolite. Ce que je suis venu cher cher ici c'est l'Egypte des Pharaons, l'Egypte égyptienne.

Aussi le temps de déjeûner et de prendre une tasse de l'excellent café turc où il y a autant à manger qu'à boire, et je traverse le Nil, en route pour les pyramides. Le fleuve merveilleux, la vie même de l'Egypte, coule, largement épandu, au pied de dattiers piqués de maisons égyptiennes, blanchies à la chaux, dont les toits en terrasse se profilent sur le fond vert de la campagne. Ici descendaient jadis, au fil de l'eau, de gracieux cortèges de femmes vêtues de tuniques légères, suivies de musiciens qui chantaient en s'accompgnant de la harpe. Chargées d'offrandes pour le taureau Mnévis, elles allaient vers la Cité du soleil, au temple orné de 365 idoles de pierre et faisant face à l'Avenue des obélisques et des

sphinx. Ici passait la barque funéraire aux extrémités allongées en fleur de lotus recourbée vers
le centre, les angles de sa chapelle ornés de
palmes vertes. A sa proue montait la fumée de
l'encens brûlé par le maître des cérémonies.
Remorquée par la barque des pleureuses en lamentations sur leur estrade, la chevelure dénouée,
elle emportait dans son cercueil, sous la protection des prêtresses à la coiffure d'Isis et de
Nephtis, la momie à laquelle les embaumeurs
venaient de mettre sa dernière bandelette. Là, les
fantassins d'Assourbanipal marchant contre le
Pharaon traversèrent, sur des outres gonflées
d'air, le fleuve grossi par la crue, pour atteindre
la rive opposée et mettre le siège devant Memphis.
Plus haut, s'essayant au voyage de Tarse, Cléopâtre descendit dans sa galère peinte, ramée en
cadence aux sons d'instruments de musique, sa
voile de pourpre déployée, sa haute proue sculptée
en fleur de lotus toute blanche. Aujourd'hui, le
long de la berge, des barques dorment ou chargent, la voile roulée autour des hautes antennes ;
d'autres se laissent aller au courant ; d'autres le
remontent, la voile gonflée, l'unique voile blanche
et fine comme une grande aile d'aigrette ouverte

et dressée vers le ciel. Ces barques sont semblables à celles qui naviguaient sous les yeux des premiers Pharrons, sous les yeux des Egyptiens des premiers âges ; telles on les voyait remonter le fleuve, du sanctuaire d'Isis aux palais de Louqsor et aux confins de la Nubie, telles elles le passent, de nos jours, sous le pont métallique le Kasr-El-Nil, auprès des chaloupes à vapeur et sous le sifflet des locomotives.

Mais le pont est traversé. Nous laissons le Caire et entrons dans la campagne égyptienne. Il n'y a pas longtemps que le grand nourricier s'est retiré des champs où l'avaient fait déborder les pluies torrentielles de l'Afrique équatoriale, qui, régulièrement, grossissent son cours. Encore imprégnée de ses eaux, la terre expose à la chaleur du soleil la verdure nouvelle des maïs et des cotonniers. Cette verdure est grasse, épaisse, débordante de sève. Elle donne une impression de fertilité incomparable.

Par une longue avenue remblayée, un tramway nous emporte vers les Pyramides. Je pense à l'âge de ces trois sépultures antérieures à notre ère de 4.000 années ! 4.000 années ! Au temps de l'Exode, qui se place 1.500 ans avant J.-C., ces tombeaux étaient déjà vieux : ils comptaient alors 2.5oo ans d'existence !

Dans le lointain, les trois figures géométriques apparaissent, paravents en grisaille découpés sur l'horizon. Derrière elles, le ciel ouvre toutes grandes ses belles profondeurs bleues. Il semble reculer encore ses limites bien loin dans l'infini pour réduire ces œuvres gigantesques aux dimensions que l'effort humain n'a pas le droit de dépasser. En avant, quelques palmiers épanouissent les éventails de leurs chevelures au sommet des tiges élancées qui jaillissent des sables, comme les trois figures. Sentinelles perdues, dont le rôle se borne à mettre un peu de vie passive dans la solitude, à l'entrée du désert, elles montent leur garde silencieuse auprès des Pharaons endormis sous les grands triangles.

Aller aux Pyramides en électric-car déflore un peu mon émotion. Mais je vais être dédommagé dans quelques minutes. En effet, sitôt descendu du véhicule, on gravit une dune derrière laquelle on a la satisfaction de se voir isolé dans le désert. Aucune habitation humaine n'est visible. Tout a disparu au-delà de la colline de sable que je viens de franchir. Seules, devant moi, se dressent les trois pyramides, dont celle de Khéops est la plus voisine et la plus élevée.

Je m'attendais à une impression d'écrasement. Elle ne se produit pas. Ces œuvres, à première vue, ne disent pas leurs véritables proportions. Isolées dans l'immensité du désert, l'isolement et l'immensité ne laissent pas que de les réduire. Pour qu'elles révèlent leurs dimensions, il faut un autre point de comparaison que le cadre environnant. Il m'est offert inopinément en la personne d'un Bédouin qui descend par l'extérieur du monument. Cet homme n'est qu'un point sur la pyramide, et son âne debout auprès d'elle a la hauteur et la longueur d'un des blocs de pierre assis au ral du sol. Alors le tombeau du Pharaon apparaît ce qu'il est : gigantesque.

Soixante-quinze millions de pieds cubes entassés là. De quoi bâtir un mur d'environ vingt mètres de hauteur, un mur qui aurait quatre mille kilomètres de long et pourrait, par conséquent, faire le tour de la France ! Cent mille hommes par jour employés à dresser la colossale sépulture ! Trente-six millions, cinq cent mille hommes par année ! Sept cent trente millions de journées d'ouvriers fournies là pendant les vingt années que mit le souverain d'Egypte à préparer la retraite sans rivale qu'il avait rêvée pour sa momie !

Quel effort matériel réalisé pour l'exécution d'une œuvre pareille ! Il est surpassé cependant par l'effort intellectuel qui y a présidé et qu'a révélé l'éminent astronome, directeur de l'Observatoire de Bourges. D'après l'abbé Moreux, la grande pyramide serait non-seulement le tombeau du Pharaon mais encore un merveilleux symbole scientifique, qui dénote des connaissances géographiques, astronomiques et mathématiques stupéfiantes. « Ses deux diagonales prolongées jusqu'à la mer forment, on le savait, les deux côtés égaux d'un vaste triangle isocèle qui renferme le Delta du Nil. Ses quatre faces, on le savait aussi, sont exactement orientées vers les quatre points cardinaux, ce qui ne laisse pas d'être étonnant, car l'orientation aussi précise d'un édifice est très difficile, même avec la boussole et tous les moyens dont nous disposons. Or cette orientation a été faite en tenant compte de ce que les astronomes actuels appellent la précession des équinoxes. Mais ce qui a lieu de surprendre encore davantage, c'est que le méridien

passant par le sommet est précisément celui qui
traverse sur le globe le plus de continents, et le
le moins de mers, tout en partageant en deux
parties rigoureusement égales les terres que
l'homme ne peut habiter, et, de même, le cercle
parallèle à l'équateur qui passerait exactement
par le même point est également celui qui renferme le plus d'étendue continentale. Sont-ce des
rencontres fortuites ? Elles sont bien difficiles à
admettre, surtout en présence des constatations
suivantes : Le rapport exact du périmètre complet
des quatre bases au double de la hauteur est
égal au fameux nombre Π, c'est-à-dire au
rapport de la circonférence au diamètre, soit
3.1416. Cette hauteur elle-même 148 m. 208×
1.000.000 donne très sensiblement la distance de
la terre au soleil, telle qu'elle est évaluée par les
mesures les plus récentes, 149.400.000 kilomètres, alors que Képler lui-même l'arrêtait
à 58.000.000 de kilomètres. La coudée pyramidale, mesure sacrée dont se servaient les prêtres
égyptiens, était de o m. 6.356.521 : c'est exactement la dix millionième partie du rayon polaire
de notre planète. Le rapport de cette coudée à la
longueur d'une base est de 365,2563, chiffres qui

correspondent absolument à la durée en jours de l'année sidérale. L'année civile, telle que la fixe notre calendrier, est également mesurée en multipliant par 3,1416 la longueur en pouces pyramidaux. D'autre part, le pouce pyramidal × 100 milliards donne la distance pacourue, en un jour, par la terre sur son orbite. Enfin l'on a trouvé que les mesures du coffre en pierre taillée qui se trouve dans la chambre du Roi sont l'expression exacte de la densité du globe terrestre. »

En lisant ces surprenantes révélations de l'Abbé Moreux publiées par M. Francis Marre dans le *Correspondant* du 10 juillet 1917, on reconnaît avec lui qu'il y a là de quoi nous inspirer quelque modestie touchant l'immense supériorité que nous attribuons volontiers à notre science par rapport à celle des anciens. N'est-ce pas en 1790 seulement que, pour obtenir le système décimal métrique, notre Académie des Sciences entreprit de mesurer un arc du méridien entre Dunkerque et Barcelone? Et encore les calculs de nos savants ne donnèrent-ils pas de précisions rigoureuses. Le mètre, en effet, n'est pas exactement la dix-millionième partie du quart du méridien terrestre, tandis que la coudée pyramidale des prêtres égyptiens est exactement la dix-millionième partie du rayon polaire de notre planète. Qui peut dire dans quelle obscurité le monde se trouva plongé quand s'éteignirent les lueurs sinistres de l'incendie, qui dévora la bibliothèque d'Alexandrie? Qui peut dire quelles conquêtes du cerveau de l'homme ont été annulées ainsi pour des générations et des générations, mêlées aux cendres de ce précieux dépôt des connaissances égyptiennes? En comparant ces dernières à celles de notre corps savant du xviiie siècle, que penser de la philosophie de la perfectibilité indéfinie, si ce n'est qu'elle est une illusion, qu'un témoignage de satisfaction puéril que se délivre l'orgueil humain?

Assise à 45 mètres au-dessus des plus fortes crues du Nil, la Pyramide n'a plus son revêtement. On l'en a dépouillée pour construire la cité du Caire, ce qui rend possible son ascension extérieure. Je ne suis pas tenté, comme le sont beaucoup d'autres, par l'escalade de ces blocs de pierre. On se représente aisément le panorama qui se déroule aux yeux de là-haut. Je préfère l'ascension intérieure. J'aime mieux aller au cœur même de la pyramide.

Accompagné de trois Bédouins, j'y pénètre par une porte triangulaire à laquelle on n'arrive qu'après avoir gravi un monticule de sable et de décombres. Cette entrée était évidemment masquée par le revêtement général. Khéops avait eu soin de la faire placer un peu à gauche et à soixante pieds de la base, afin de dérouter ceux qui voudraient atteindre sa sépulture.

Un Bédouin allume une bougie et me prend la main droite ; le second me prend la main gauche ; le troisième avance derrière moi pour me retenir ou me soutenir au besoin. Et nous nous enfonçons dans un couloir de pierres de taille, polies comme du marbre. C'est la première galerie. Comme elle se dirige vers le centre et la base de l'édifice, afin d'induire en erreur ceux qui découvriraient l'entrée, nous descendons, cette base se trouvant à soixante pieds au-dessous de l'entrée. Non seulement le couloir est bas et il faut se courber pour le suivre, non seulement il descend, mais encore c'est une véritable glissière à laquelle on a eu l'heureuse idée de pratiquer des incisions pour rendre possible la circulation intérieure.

A l'extrémité de cette première galerie, nous

rencontrons deux blocs de granit, encadrant une ouverture béante sur le noir. C'était une nouvelle précaution destinée à tromper les violateurs de sépultures. Là se trouvait une cloison. Grâce à cette dernière, le couloir où nous sommes engagés devait paraître sans issue. Mais, la cloison enfoncée, l'on a retrouvé la galerie, et, pour aller la rejoindre, il nous faut escalader ces deux blocs qui sont énormes. Aussi mes Bédouins se démènent-ils tous les trois à la fois. L'un me hisse, l'autre me pousse, le troisième approche la bougie des endroits où je dois placer mes mains et mes pieds. Nous voici maintenant dans la galerie supérieure qu'on a voulu dissimuler.

Pour me la faire contempler, un de mes guides allume un ruban de magnésium, et je vois s'allonger devant nous un couloir particulièrement long, sous un plafond très élevé. La galerie est ascendante et d'une inclinaison telle qu'on double la prudence de ses auxiliaires de toute sa prudence personnelle.

Il fait là une chaleur spéciale. Nous avons au-dessus de nous tout le poids de la Pyramide. Si l'on pensait à un accident, la vue des énormes blocs de granit dont sont faits ces couloirs suffirait à rassurer. D'ailleurs, ne voilà-t-il pas plus de 5.000 ans que leurs voûtes supportent ce poids fantastique ?

La galerie nous conduit à un palier aboutissant à un puits qui n'est pas autre chose qu'un nouveau piège, mortel celui-là, tendu aux violateurs. Mais il donne également accès à un couloir horizontal qui mène à la chambre connue sous le nom de Chambre de la Reine.

De ce palier, nous nous hissons dans la galerie supérieure, la plus belle de toutes. Le magnésium nous la montre large, sous une hauteur de plafond saisissante. A hauteur d'homme, elle s'élargit pour former le rebord sur lequel a dû glisser le sarcophage. Dans le silence étrange qui nous enveloppe, j'évoque l'arrivée du lourd cercueil de pierre à l'endroit où nous sommes. Essoufflés, ruisselants, les porteurs durent haleter au passage difficile de cette galerie dont l'inclinaison est si rapide. Nous montons encore, nous montons toujours dans la chaleur qui semble augmenter. De nouveau, le couloir change de direction. Nous voici à un second palier sur lequel se trouvait la troisième et dernière clôture, celle qui fut scellée sitôt la dernière prière récitée par les prêtres d'Amon devant le Pharaon déposé dans sa maison d'éternité. Nous tournons à droite, et nous voici dans une salle oblongue où notre lumière artificielle éclaire de belles cloisons de granit noir. L'une de ces cloisons est un bloc d'une seule pièce mesurant quatre mètres de haut sur six mètres de long. Ni peintures, ni ornements d'aucune sorte. Une cellule nue,

C'est la chambre royale. Nous sommes exactement au centre géométrique de la Pyramide. Au fond de ce petit sanctuaire, le sarcophage de granit qui a contenu la momie de Khéops est ouvert et vide. Il ne reste rien de ce qu'y ont déposé les esclaves après avoir accompagné le convoi. Canopes, coffrets, tout a disparu comme la momie elle-même. On a tout emporté : sceptre, armes, bâtons de commandement, figurines, burettes pour les libations, scarabées, talismans de toutes espèces, jusqu'à l'épervier à tête humaine, image de l'âme du souverain. Voilà des siècles qu'on a sorti de ce qu'il croyait être son dernier asile ce pharaon de la quatrième dynastie. Le soin qu'il a pris de sa sépulture a été inutile. Il lui a même été funeste.

Un jour, c'était au commencement du ix⁰ siècle,

le Kalife Al-Mamoun se laissa tenter par les trésors qu'il y croyait cachés. Les couloirs de la grande pyramide dont il avait découvert l'entrée virent descendre de la chambre royale le violateur déçu. Il n'avait trouvé dans le sarcophage de granit que l'étui de bois sculpté, dans lequel reposait la momie richement ornée. Et, de nos jours, on ignore où a passé Khéops.

V

LE SPHINX. — LE SOIR AU DÉSERT. — LA PLAINE DE MEMPHIS. — LE REPOS DES MOMIES. — PROFANATIONS.

Nous descendons. Je retrouve avec plaisir la lumière du jour, en même temps qu'une atmosphère plus respirable. Et, cédant aux sollicitations d'un Bédouin, je monte en selle sur son chameau agenouillé qu'il conduit vers le Sphinx.

Pauvre Sphinx ! Qui a pu mutiler ainsi l'image de Khéops, de ce dieu puissant à qui allaient sans cesse les invocations de tous les foyers de

Memphis et des cités environnantes et vers qui toutes les mains se tendaient pleines d'offrandes ?

On dirait que, pendant des siècles, la mer a rongé son col et sa face. Ses yeux sont vides, son nez et ses joues sont labourés. Qui donc a bien pu le mutiler ainsi ? Le temps peut-être. On n'est pas impunément plus vieux que les Pyramides. Et il l'est au point que, du vivant de Khéops, son état appelait l'attention du Pharaon. Aussi fit-il restaurer à la fois et cette colossale figure de pierre et le temple bâti à ses pieds. Une stèle déchiffrée par Mariette en fait foi.

C'est dire à quel point je me recueille en contemplant le Sphinx. Je n'en pense pas moins au Cambodge de l'ère glorieuse, à ce qui reste des trente tours du Banh-Nhong d'Angkor-Thôm, beaucoup plus jeune que lui, et aux quatre faces qu'on dit être des faces de Brahma et qui couronnaient chacune de ces tours. Je pense à l'adorable expression de ces visages qui sourient, les yeux fermés, et qui me livrent toute leur extase, alors que le sphinx me cache toute sa pensée.

Et je pars sous le charme. Descendu au-dessous de l'horizon, le soleil ne regarde plus Memphis, qui se voile et se recueille, là-bas, dans l'Est.

Devant l'écran d'or fondu qui s'élargit aux confins du désert, le Sphinx et les pyramides entrent dans cette nouvelle nuit qui est pour ces dernières bien près de la deux millionième. Tout à l'heure, dans l'ombre qui va se répandre, une clarté montera, paraissant sortir d'Héliopolis. Ce sera le premier sourire d'Isis sur la plaine de sable immense, sans fin, toute chaude des baisers brûlants d'Osiris.

Çà et là glisse, dans la tièdeur du soir, le vol d'oiseaux qui regagnent leurs fourrés. Le héron, le pélican passent silencieux. L'ibis plane avant de rentrer. Il ne se hâte pas vers les retraites qu'il partage aujourd'hui avec les autres oiseaux. Il n'a plus la place ni les soins que lui réservaient les temples et les prêtres de l'ancienne Egypte. Il n'est plus l'ibis sacré ; on ne l'embaume plus. Aussi s'attarde-t-il sous le ciel, ses blanches ailes étendues, presque immobiles.

Non loin, dans la plaine, les nénuphars, les lotus bleus, qui s'étaient assoupis sous l'ardeur du soleil, se redressent et s'épanouissent sur les étangs et sur les marais. L'oasis se fait plus fraîche et plus accueillante pour les nomades que balance dans le soir le pas lent et cadencé de leurs chameaux. L'amble des dromadaires s'allonge insensiblement. La caravane en marche savoure l'haleine rafraîchie de la nuit qui vient, et s'arrête pour la prière. Elle s'agenouille face à la Mecque. Les bustes s'inclinent et se redressent, à la lueur du crépuscule, tandis que les montures du désert profitent de la halte pieuse pour s'accroupir.

Comme au temps où il était dieu, le Nil coule sans bruit au pied des dattiers. Les Egyptiennes ne reviennent plus du fleuve soutenant, d'un geste gracieux, l'aryballos de terre cuite pleine d'eau qu'elles portaient sur la tête. Mais les fellahines qui leur ont succédé et qui montent de la berge avec la provision du soir ont hérité de leur geste qui s'éternise ainsi dans la vallée du Nil. Les bruits s'éteignent peu à peu. Les bascules des shadoufs qui ont grincé, dans le jour, pour amener l'eau des sakyehs restent immobiles entre leurs deux montants.

C'est l'heure où, dans l'Egypte d'autrefois, la superstition sortait les amulettes et les incantations dessinées sur le papyrus. C'est l'heure où s'étiraient les monstres dont l'imagination égyptienne peuplait les solitudes de sable. Ils s'éveillaient au moment où la nature s'abandonne au premier engourdissement. L'oryx, dont le regard changeait un homme en pierre, les griffons a corps de chacal, à tête d'aigle, à ailes d'épervier, le sphinx à tête humaine sortaient de leurs repaires et s'avançaient vers le Nil pour étancher leur soif de tout le jour.

Et l'esprit de Sît flottait sur l'étendue immense et désolée.

Maintenant qu'ils ont disparu, qu'ils sont partis en même temps que les derniers Egyptiens de la grande époque, le silence, toujours impressionnant autour des pyramides, s'accentue à mesure que l'ombre descend. Il devient si profond qu'on entendrait, s'il revenait ici, ce soir, le souffle du dieu Minou, protecteur du désert. Mais il ne reviendra pas. Depuis le jour où la lune d'Egypte s'est cerclée d'un halo et qu'une buée, jadis inconnue, pénètre les matins et les soirs de là-bas, Minou s'est voilé la face, et les solitudes égyptiennes n'ont plus vu son ombre familière glisser doucement dans la transparence de leurs nuits. S'il revenait, à cette heure, il retrouverait son domaine plongé en apparence dans la sécurité d'autrefois. Les sables sont immobiles. Rien ne semble troubler le repos des momies couchées par millions, dans la plaine à perte de vue entre Memphis et nous.

Cependant la nécropole immense est menacée, et, avec elle, l'Egypte des Pharaons personnifiée par ses temples, par ses pyramides, par ses hypogées, par tout ce qui parle d'elle, de temps immémorial, des rives de la Méditerranée à la première des cataractes. Détournées de leur cours, les eaux, qui ont créé la vénérable aïeule, vont maintenant la conduire à sa fin. Née du Nil, l'antique Egypte va périr par le Nil.

Déjà l'inondation gagne des terrains qu'elle avait toujours respectés, ceux qu'avait choisis l'Egyptien de jadis pour des œuvres qu'il voulait éternelles : les temples de ses dieux et les tombeaux de ses morts. Déjà, sinistre envahisseuse, elle a pénétré dans le merveilleux sanctuaire de Philœ, qui n'est plus qu'un écueil sur la plaine transformée en lac. Quand il vente, les vagues clapotent contre ses bas-reliefs, ses colonnes, ses statues, les hiéroglyphes de ses murailles. Déjà l'humidité gagne des sépultures si séches, si propices naguère au grand sommeil ; et les défunts de toutes les générations, conservés jusqu'ici par la science des embaumeurs et le sable des déserts, n'ont plus autour d'eux l'atmosphère qui leur permettait de prolonger indéfiniment leur durée. Les portes d'ombre sont toujours bien closes. Mais que peuvent elles contre l'eau ? Cette nouvelle violatrice de sépultures monte, silencieuse, dans les chambres sépulcrales, s'infiltre dans les sarcophages et, gonflant le bois des étuis qui épousent les formes des momies emmaillottées, pénètre jusqu'à elles, après avoir décoloré leurs images peintes au chevet de leurs cercueils.

Aujourd'hui, des myriades de morts que le Nil a surpris dans leur retraite baignent dans l'eau de ce fleuve, à l'abri duquel on les avait étendus, parce que, ressource sacrée pour les vivants, le fleuve est l'ennemi de ceux qu'il ne désaltère plus. Et ces myriades de morts ont froid, maintenant, la nuit. Leurs corps, si longtemps desséchés, entrent en travail comme si la vie s'y glisse de nouveau. Leurs muscles durcis s'assouplissent, se tendent, et leurs bandelettes deviennent pour eux un carcan glacé.

C'en est fait, désormais, du privilège des embaumeurs ! Rongées, désagrégées, les momies ne seront plus bientôt que des masses boueuses dans leurs étuis effondrés, désagrégés comme elles.

Ainsi vous disparaîtrez, survivants muets de la race merveilleuse qui, non contente de créer des œuvres matérielles visant à l'éternelle durée, semblait avoir réalisé son rêve de s'éterniser elle-même sous le sol au-dessus duquel elle a vécu. Consolez-vous, du moins, de mourir par le Nil qui avait créé votre terre et vous avait fait vivre. Cela ne vaut-il pas mieux, fiers contemporains des Pharaons, que de finir comme tant d'entre vous, naguère : utilisés par l'Arabe en guise de bois de chauffage, plus coûteux que l'enveloppe desséchée de vos âmes, ou vendus en Grande-Bretagne comme engrais, après être descendus comme lest dans les cales des navires anglais?

Désormais c'est le mercantilisme d'Albion qui se chargera de détruire ce qui reste de vous afin de développer les cultures dans la vallée du Nil. Et votre destinée sera la destinée universelle. Dieu ne prévoyait pas d'exception lorsqu'il signi-fiait au premier homme la sentence qui condam-nait à une fin terrestre et lui et sa descendance. Vous avez pu suspendre, des siècles et des siècles, l'exécution de cette sentence. Mais ton heure a sonné, pauvre momie qui pouvais croire justifié le nom de « maison d'éternité » que tu donnais à la tombe où tu reposes depuis si longtemps. Tu vas subir enfin la loi commune, inéluctable. *Pulvis es et in pulverem reverteris.*

Cependant l'ombre descend sur le désert. On distingue moins les mutilations du Sphinx. Bête énorme, accroupie dans le sable pour la durée du monde et dont les yeux tournés vers l'Orient se sont usés peut-être à regarder les soleils monter au-dessus de l'horizon, elle se voile de gris bleu, de même que les pyramides. Dans la nuit qui vient augmenter encore le mystère dont il s'environne, mon imagination prête au monstre de pierre la hantise de dégager son corps de quarante cinq mètres enlisé dans le sable et de se retourner pour voir les sépultures colossales auxquelles il tourne le dos,

Il connaît le long passé de la plaine qui s'élargit à ses pieds. Il a vu bâtir et détruire les tenples et les palais de la cité du soleil. Il a vu descendre dans le désert de Memphis les gigantesques cercueils des Apis devenus dieux et embaumés comme les Pharaons. Il a vu amonceler sous le linceul de sable des millions et des millions de momies d'hommes et d'animaux. Il a vu passer des représentants de tous les âges, de toutes les

races, de toutes les terres habitées. Il a vu Séti Ier,
Ramsès II, Cléôpatre, Napoléon. Il a entendu le
grondement des canons français devant Héliopolis, assisté à la bataille des Pyramides, à la
rencontre des fantassins de Kléber et des cavaliers
mamelouks de Mourad-bey. Il regarde croître et
décroître, chaque année, les eaux du Nil. Il voit
monter lentement, sans cesse, la marée de sable
qui vient des réserves inépuisables de la Lybie,
marée par laquelle il est submergé en partie et
qui a noyé tout ce que l'homme avait élevé puis
renversé sous ses yeux. Depuis qu'elles sont construites, il voit les pyramides de Memphis. Mais il
n'a jamais vu celles de Giseh qui sont derrière
lui, tout près. Assis là depuis plus de cinquante
siècles, comment n'aurait-il pas le désir de se
retourner pour regarder les trois figures géométriques si voisines, vers lesquelles sont attirés
comme vers lui-même les pèlerins de tous les
temps et de toutes les contrées ? Comment n'aurait-il pas la tentation de les connaître enfin, de
contempler en particulier celle à laquelle il a
entendu travailler avec de grands cris pendant
vingt ans, surtout s'il a vu passer la momie de
Khéops, emportée par une nuit claire comme le

sont les nuits d'Egypte, sur ces sables qui étouffent les bruits et dans la solitude desquels lui seul pourrait dire quelle direction a prise, dans ses bandelettes, le Pharaon arraché par Al-Mamoun à son sarcophage et à sa chambre funéraire de granit noir ?

Je ne puis détacher mon regard de cette immense plaine de tombeaux. Je pense aux momies qui s'étaient confiées aux hypogées avec la perspective de n'y être jamais troublées, et qui, arrachées de leurs « maisons d'éternité, » dépouillées de leur emmaillottement, exposées aux regards d'étrangers, sont dispersées aujourd'hui sous toutes les latitudes. Je pense aux monarques égyptiens qui n'ont pas plus échappé eux-mêmes à notre profanation qu'à celle des marchands d'offrandes et autres dévaliseurs de retraites funéraires. Au contraire, c'est à les découvrir que se sont appliquées nos plus actives recherches. Et maintenant, dans leurs sarcophages ouverts, en voici qui, sans pitié, sont montrés à des visiteurs de passage pour la plupart desquels ils ne sont que des morts conservés dans le naphte. Privés de vos augustes sépultures, enlevés aux asiles sacrés qui étaient la pensée de toute votre existence, et où depuis quinze siècles avant Jésus-Christ, la mort semblait attendre la fin de votre sommeil, est-ce bien vous, Séti Ier, fier souverain de la XIXe dynastie, est-ce bien vous, Ramsès II, Sésostris de l'histoire, Pharaon de la Bible, que j'ai vus, dans la salle des momies royales, au musée du Caire, devenus des objets de curiosité, en vitrine et sous étiquette ?

Œuvre de peuples civilisés, de peuples qui inscrivent dans leurs codes des peines sévères contre les violateurs de sépultures !

Et pourtant, sans ces profanations, comment nous aurait été révélée la première civilisation que mentionnent les annales humaines ! N'est-ce pas elles qui ont déchiré le voile derrière lequel se dérobait l'Egypte la plus ancienne ? Aussi, réserves faites pour la personne des morts, qui avait droit au respect, soyons reconnaissants à ceux qui ont exploré, au bénéfice de la science, les nécropoles de Thèbes et de Sak-Khara. Rendons grâce surtout à la précocité de la race qui, éprouvant, 3.000 ans avant Jésus-Christ, le besoin d'exprimer sa pensée par des caractères, la fixait déjà sur le papyrus au moyen d'hiéroglyphes. Et regrettons que l'Inde contemporaine des Pharaons n'ait pas

eu d'hypogées, comme ceux des environs de Louqsor et de Karnak. Les sépultures de l'Egypte, en
effet, s'étaient constituées les gardiennes de son
histoire, le dépôt de ses archives. Là, descendaient
jour par jour, avec les morts, la chronique écrite
de la vie égyptienne, les mémoires de Memphis
et de Thèbes, de la famille royale et du peuple.
Ainsi les égyptologues ont pu feuilleter pour
nous les pages de ce passé qui n'a plus guère de
secrets, quel que soit son éloignement. Et nous
pouvons dire que toute l'Egypte glorieuse est par-
venue jusqu'à nous : ses pyramides, quelques-
uns de ses temples, son sphinx, son histoire,
tout, même ses habitants plutôt endormis que
morts, conservés au point que leurs contemporains
les reconnaîtraient.

Longtemps, je contemple, dans le silence et le
mystère du soir qui leur conviennent si bien, ces
œuvres dans lesquelles se reflète l'âme égyptienne
tout entière. Comment n'aurait-il pas eu le sentiment de l'infini, ce peuple qui avait autour
de lui l'immense étendue de ses déserts et à qui
la luminosité de son atmosphère montrait son
firmament si profond, si lointain dans l'espace ? Dans cette atmosphère qui conserve, com-

ment n'aurait-il pas eu le sentiment de la durée ?
Comment, à la faveur de ce sentiment, aurait-il
échappé à la tentation de durer lui-même au-delà
de la mort, au-delà des temps ? D'où cette idée
qui, devenue chez lui une obsession, lui faisait
traverser la vie avec la pensée familière et toujours présente de sa momie, c'est-à-dire de son
corps enroulé dans les bandelettes pour l'éternelle
durée. Il croyait à l'immortalité de son âme. Il
rêvait ainsi de l'éternité de son enveloppe.

Et, comme lui-même, tout dure autour de lui,
tout ce qui remonte, comme lui, à la grande
époque. Voilà des milliers d'années que le sphinx
et les grands triangles se dressent sons le ciel.
Combien de temps dureront-elles encore, ces
momies de pierre, ces momies de plein air, qui
n'ont rien à envier à l'œuvre des embaumeurs
dont est garni le sous sol du désert de Memphis et
de la plaine de Thèbes ?

Favorisées par des pluies abondantes, les forêts
du Cambodge n'ont cessé de fournir aux brises
les pollens que celles-ci emportaient à Angkor et
qui s'épousaient au flanc des temples et des palais
abandonnés. C'est ainsi que, là-bas, la nature a
conquis l'œuvre humaine. La végétation s'est

emparée d'elle et l'a désarticulée. Le nouveau régime imposé aux eaux de son fleuve n'aura pas les mêmes conséquences pour l'œuvre architecturale de l'Egypte. La Caire, Louqsor, Karnak, ne sont pas abandonnés comme le fut Angkor. Pour le moment, le vent ne transporte que du sable, au pays des Pharaons ; et si, venue des rives fécondes du Nil, quelque semence, égarée dans son souffle, arrive par hasard jusqu'aux temples de l'ancienne Thèbes ou aux pyramides de Giseh, elle ne tarde pas à mourir, stérilisée, desséchée, sur la pierre que l'eau du Ciel ne rafraîchit jamais et qui, à l'abri des alternatives de sécheresse et d'humidité, a pu traverser impunément les siècles et les siècles.

Pourquoi faut-il que l'Egyptien, si soucieux de conserver sa dépouille n'ait pas trouvé le secret de conserver sa race ? Car elle semble éteinte comme la lampe d'Osiris dans ses temples. On nous dit bien que le Fellah qui passe appartient à la plus ancienne des races indigènes et qu'il est ce qui reste des grands ancêtres. Je ne demande pas mieux que de le croire. Mais alors comment ne pas lui crier : Qu'as-tu fait de tes dieux ? Qu'as-tu fait de tes prêtres ? Qu'as-tu fait de tes traditions ? Pourquoi te résignes-tu à mourir sous la terre au lieu de te survivre dans ta momie ? Pourquoi les taureaux noirs de tes troupeaux ont-ils cessé de te fournir des Apis ? Pourquoi l'ibis blanc erre-t-il maintenant sans privilège dans l'azur de ton ciel ? Pourquoi les temples qui te restent sont-ils abandonnés ? Qu'as-tu fait de ta science et de tes savants ? Que n'as-tu gardé ton auguste sorbonne d'Héliopolis où venaient s'instruire les Thalès, les Solon, les Eudoxe, les Platon ?

Mais sais-tu seulement qui tu es, toi que j'ai vu naguère si respectueux sous le regard du Turc, alors maître de ton pays ? Sais-tu que tes Pharaons se dressèrent si grands sur le trône de Ménès que l'admiration de leurs peuples en fit les descendants du soleil ? Les exploits d'Osortasen sont gravés sur les rochers du Sinaï. Les Ahmès, les Amen-Hotep, les Thotmès ont fait monter ton Égypte à son apogée. Planant très haut, leur regard d'aigle a embrassé une importante partie du monde ; et l'Arabie, la Mésopotamie, le Kurdistan, l'Arménie ont élargi ton domaine national. Leur flotte a soumis Chypre, l'Afrique du Nord, la Crète, les îles de l'Archipel, l'Italie du sud, les côtes méridionales de la Grèce.

Sais-tu qu'elle est venue de chez toi la première civilisation qui brilla sur Mycène, sur Argos, sur Athènes? Sais-tu qu'aux dieux et aux héros de la légende hellénique, celui qui succéda fut un grand de chez toi, plus grand que ces dieux et que ces héros? Cékrops n'a renouvelé ni le voyage des Argonautes, ni la guerre des Epigones, ni le siège ni la prise de Troie. Il a fait mieux. Il a apporté à la Grèce sur ses trirèmes un peu de cette sève qui descendait avec le cours du Nil et qui, infusée dans l'âme grecque, a fait rayonner cette dernière au lieu même où s'était établi le premier roi de l'Attique, un de tes ancêtres. Cékropia est devenue l'Acropole, offrant au monde émerveillé les propylées, le temple de la Victoire, le Parthénon et mille autres chefs-d'œuvre. Il y a en eux un peu de gloire pour toi puisqu'ils sont nés du génie égyptien transmis aux Pélasges et transformé par l'âme et l'imagination grecques.

Prends ta part des victoires et des institutions de ceux qu'a métamorphosés la venue des émigrants de ton pays. Les héros de Salamine sont dignes des marins égyptiens qui montaient les galères de Thothmès II. Ceux qui ont complété les lois de la Grèce sont dignes de ton ancêtre, fondateur de leur aréopage et leur premier législateur.

Tes reines elles-mêmes n'ont pas voulu traverser, passives, une histoire comme la tienne. En lettres d'or, le nom de Nitokris est gravé dans tes annales. Et celle qui s'inscrivit la dernière sur la liste de tes souveraines, la Cléopâtre qui se réfugie dans la mort pour épargner à une reine d'Egypte l'humiliation d'orner le triomphe d'un vainqueur romain, pourrait-elle, malgré le sang étranger des Ptolémée qui coule dans ses veines, être désavouée par l'auguste lignée des Pharaons de toutes les dynasties ?

Ton Egypte exerçait une telle fascination qu'Alexandre en avait fait le centre de son empire, que César y avait fondé le sien et que l'exemple de ce téméraire avait tenté Napoléon lui-même.

La gloire, la puissance, tes ancêtres en avaient détourné les sources vers le Nil, devenu à la fois le fécondateur de leurs âmes et de leurs rives. Au plus profond de la nuit des temps, la littérature, la philosophie, la peinture, la médecine, la sculpture, l'astronomie, la mécanique, toutes les sciences, tous les arts avaient commencé à livrer leurs secrets aux cerveaux précoces qu'étaient les cerveaux de tes pères.

Si tu es leur descendant, humble fellah de nos jours, dis-toi qu'il est difficile d'être grand après de tels ancêtres ; et console-toi de ta chute en pensant qu'ils ont fait de la gloire pour toute la durée de leur race.

Je m'éloigne à regret. Le soir est tiède, et l'or du couchant s'éteint lentement à l'horizon de Giseh. Dans le petit lac que le débordement du Nil a laissé au pied des pyramides, celle de Khéops se reflète. Je la croyais endormie : elle veille encore, elle veille toujours, et se regarde dans l'eau.

D'ADEN A PORT-SAÏD

L'*Imperator*.

C'est en Mars 1891. Passagers du « Yarra », des Messageries maritimes, nous sommes en escale dans le port d'Aden. Mouillé non loin de nous, un énorme paquebot allemand s'apprête à partir, c'est l'*Imperator*. Nous regardons ce gros vapeur qui appareille. Il semble fier d'étaler devant nous, à la corne de son mât, son pavillon national sur un bâtiment si grand, le double du nôtre, le plus grand qu'aient encore vu les parages où il navigue. Son ancre un fois dérapée, il exécute une manœuvre de dindon qui fait la roue et s'arrange de façon à se montrer sous toutes ses faces, lui gigantesque teuton, à notre paquebot français de taille moyenne.

Quelques heures après, c'est notre tour. Nous levons l'ancre. Nous prenons notre vitesse normale. Nous passons le détroit de Bab-el-Mandeb, et, entrés dans la mer Rouge, nous nous apercevons que nous gagnons à vue d'œil un vapeur énorme qui fait la même route que nous. C'est l'*Imperator*. Il a dû reconnaître le *Yarra*, car il fait effort de vitesse. C'est facile à voir : sa cheminée crache des nuages de fumée à embrumer toute la côte du Yémen, à la hauteur de Moka, la patrie du bon café de ce nom. Cependant nous nous rapprochons de lui de plus en plus. Et voici à notre bord une effervescence inaccoutumée. Les officiers n'attendent plus leur tour de quart pour monter sur la passerelle. Les chevaux-vapeur doivent recevoir une ration supplémentaire de charbon ; car nous sentons plus précipitée sous nos pieds la trépidation des machines. Nous nous renseignons : ce géant de la mer est un nouveau paquebot du port de Hambourg. Il a 290 mètres de long sur 30 de large, et fait son premier voyage, un voyage autour du monde, son voyage de réclame. Nous essaierons de lui prouver que les paquebots des Messageries Maritimes, même quand ils n'ont que la taille du

Yarra, sont les premiers courriers du monde et battent en vitesse les *Imperator* allemands.

A partir de ce moment, c'est une lutte acharnée entre les deux steamers de dimensions si différentes ; car notre *Yarra* n'a que 130 mètres de long. Jamais voyage sur mer, loin de toutes côtes, n'a été aussi intéressant. Cette course sans relâche dure quatre jours et quatre nuits, tout le temps que réclame la traversée de la mer Rouge dans sa longeur. Les deux champions ne se quittent pas. Ils en arrivent à naviguer à moins de 300 mètres l'un de l'autre. A l'entrée du Golfe de Suez, entre les côtes resserrées du désert d'Arabie et de l'ArabiePétrée, nous entendons augmenter encore le bruit des machines des deux paquebots, qui donnent leur maximum de chauffe par le travers du Mont Sinaï. C'est que Suez est là, tout près : et il s'agit de savoir lequel des deux arrivera le premier pour prendre le pilote du Canal. L'honneur en revient au *Yarra.* Pendant que l'*Imperator* fait encore de la vitesse à quelques milles en arrière, notre paquebot ralentit doucement sa marche et s'amarre à la bouée réglementaire en rade de Suez.

Deux heures après, les formalités une fois remplies, nous sommes en route pour le Canal. *L'Imperator*, enfin arrivé, est immobile sur sa bouée. Tous ses passagers sont au bastingage de tribord, Ils font une tête qui nous amuse. Nous glissons sans hâte, car nous sommes à la vitesse très réduite imposée pour la traversée du Canal. Et comme nous passons tout près d'eux nous pouvons savourer leur air déconfit. L'Allemand déconcerté ne sait pas dissimuler son impression. Alors, de notre avant, de cet avant qui est au paquebot français ce qu'est le poulailler à un théâtre de France, partent des quolibets, des interpellations, des blagues à mourir de rire. Les Allemands, vexés, mais incapables de répondre à ce déchaînement de gouaillerie et d'esprit gaulois, gesticulent et crient, rouges comme des homards cuits. Et les lazzis, les fusées spirituelles volent, redoublés, de notre *Yarra*, de ce petit courrier de France au grand paquebot teuton auquel on donne rendez-vous pour après le Canal, pour la Méditerranée, car il va, comme nous, à Marseille.

Cela dure cinq minutes, cinq bonnes minutes, pendant lesquelles on est aussi joyeux d'un côté qu'on se fait de la bile de l'autre. Et nous

nous engageons dans le Canal. C'est un samedi.

Le lendemain matin, le commandant fait préparer à l'arrière avec des pavillons de toutes les marines la chapelle où se célèbrera la sainte-Messe, car nous avons un prêtre à bord. Mais voici qu'après la gare d'Ismaïliah, car nous sommes toujours dans le Canal, un vent tiède et persistant se met à souffler en augmentant rapidement de violence. Les sables du désert au milieu duquel nous naviguons commencent à se soulever. Les Arabes qui voyagent à pied le long des berges s'arrêtent et font accroupir leurs chameaux. C'est le simoun ; c'est le vent qui monte des profondeurs du Sahara et qui, parfois, met à mal les caravanes. C'est le vent qui souffle surtout au printemps et en été. Le sable, qu'il soulève et transporte, forme dans l'air un brouillard épais qui intercepte les rayons du soleil et prive les voyageurs de direction. Quelle que soit sa violence, le simoun ne saurait engloutir des caravanes en marche, ainsi que certains le pensent. Mais les particules arénacées pénètrent dans les yeux, dans les narines, dans la bouche et jusque dans la poitrine des hommes et des bêtes. C'est ainsi que dut périr l'armée envoyée par Cambyse avec mission de piller les trésors du temple de Jupiter Ammon.

Lorsque le simoun souffle en tempête, lorsque les sables se meuvent comme des flots et semblent fuir devant ses hurlements, l'air s'épaissit comme d'un brouillard. Les rayons du soleil ne le traversent plus : et le voyageur, que renversent parfois des tourbillons furieux, s'avance sur cette route sans repère et sans l'assistance de son guide habituel, le soleil.

Alors, c'est la vie extérieure suspendue sur tout le parcours de ce brutal messager du Sud. Le long du canal de Suez, les vapeurs stoppent et s'amarrent solidement aux berges. Tous les panneaux, tous les hublots sont condamnés comme pour les plus grands assauts de la mer. Néanmoins la poussière pénètre partout, se glisse dans les réduits qu'on suppose hermétiquement fermés. Immobilisés ainsi sur notre *Yarra*, nous sommes environnés comme d'une buée rousse à l'intérieur même du paquebot dont pas une issue n'est cependant ouverte.

Alors c'est le péril pour la caravane en marche. On est aveuglé, on étouffe. La soif se fait ardente, impossible à apaiser. Il faut pourtant y résister :

puisqu'il y a danger suprême à ne pas ménager la provision d'eau et que sous l'action de ce vent brûlant les outres se déssèchent. Quand l'épreuve se prolonge, quand l'heure sinistre semble près de sonner, la caravane s'arrête et l'agonie commence. Les hommes s'allongent auprès de leurs chameaux accroupis. La respiration haletante, la tête enveloppée dans leurs burnous, ils attendent la mort, tandis que le simoun siffle, impitoyable, et amoncelle au-dessus d'eux la sépulture de sable sous laquelle ils disparaîtront à jamais.

Combien de temps allons-nous rester là ? Nul ne le sait. D'après un agent du bord, au cours d'un de ses voyages, son bateau resta bloqué pendant plus de sept jours par une tempête semblable. On se résigne. Mais voici que, sur la berge, un fonctionnaire du Canal court le long du *Yarra* criant éperdument : « Gare à l'arrière ! Attention à l'arrière ! » On s'y précipite. Nous sommes effectivement en danger. Un vapeur énorme, qui poursuit sa route au lieu de s'amarrer comme les autres pour la durée de la tourmente, arrive sur nous, fantôme voilé, dans le brouillard de sable qui commence à s'épaissir. Fort heureusement, sa vitesse, qui est la vitesse prescrite, est très réduite. De plus, nous apercevant, il fait vigoureusement machine en arrière, et, pour éviter de buter contre notre poupe, il se glisse entre nous et la berge, et je le vois arriver à cinq mètres de notre échelle de tribord. C'est l'*Imperator*, toujours l'*Imperator*. Enfin sa manœuvre réussit. Les machines ont fait l'effort nécessaire. Il recule et va s'amarrer à cinquante mètres où il passera, comme nous, les vingt-quatre heures que durera la tempête de sable.

Quelques passagers profitent de cette escale forcée pour aller le visiter. Impression différente de celle à laquelle les Allemands s'attendaient. Tout est de goût germanique, tout est clinquant sur l'*Imperator*. Salons surchargés de dorures. Portières en peluche rose, qui, après quelques voyages, seront souillées, celles des cabines surtout. Que n'ont-ils imité le luxe sérieux et cossu des Messageries Maritimes ? Mais le goût qui préside à l'installation de nos paquebots est le goût français et le goût français ne tombe pas sous le sens allemand. Il le choque même, parce qu'il est « le goût ». Par contre, les armateurs de l'*Imperator*, qui faisaient faire le tour du monde à leur bateau pour recruter une clientèle de toutes nationalités, s'étaient vu réduits à adopter la cuisine dont s'accommodent le mieux tous les palais du monde. La question d'intérêt les avait obligés à faire une infidélité à la saucisse et à la choucroute. Et ils leur faisaient céder le pas à d'autres « délicatesses » appréciées par tous parce que françaises. Ils n'avaient à bord que des cuisiniers français.

Après Port-Saïd, bien-entendu, nous ne revîmes plus l'*Imperator*. La Méditerranée, que les Marseillais appellent un « laque d'huile », était très agitée, comme elle l'est si souvent, et, grâce à notre avance, nous n'aperçûmes même pas à l'horizon la fumée du grand vapeur. Naturellement, nous entrâmes dans le port de la *Joliette* avant lui. Mais il se vengea. Comment ? A l'allemande parbleu : le commandant de l'*Imperator* fit parvenir à la Cie des Messageries Maritimes à Marseille une plainte écrite contre le commandant Boulard, du *Yarra*. *Deutschland uber alles !*

VÉRONE

—

Vérone, 12 septembre.

On comprend la prédilection de Charlemagne
pour la petite cité dont il fit la capitale du Roi
d'Italie, son fils Pépin. En cotoyant le Lac de
Garde, si beau dans le paysage des plaines véni-
tiennes, on soupçonne déjà la situation privilégiée de Vérone, si coquette sous l'enlacement de
l'Adige. Au temps de l'Empereur à la barbe fleurie, que de monuments de l'antiquité romaine,
effondrés, depuis, sous les secousses des tremble-
ments de terre, étalait au soleil la patrie de Catulle
et de Cornelius Nepos ! Ses arènes, dont les dimensions font d'elles les troisièmes du monde après
celles de Rome et de Capoue, nous disent la splendeur des jeux auxquels fait allusion certaine lettre

de Pline le Jeune. Et des fouilles récentes ont
rendu à la lumière, sur la rive gauche du fleuve,
un théâtre plus beau que celui d'Orange, creusé
dans la colline sur laquelle se dresse aujourd'hui
le Castello San Pietro, ses gradins taillés dans le
roc comme ceux de son contemporain de la cité
vauclusienne.

Voilà qui nous dit l'antique importance de
Vérone. Ainsi s'affirme la civilisation latine qui
a passé, brillante, sur son vieux pont romain
restauré par Fra Giacondo, sous son arco dei
Leoni dont il ne reste, par malheur, qu'une ossa-
ture brisée, sous sa Porta Borsari qui a gardé ses
trois étages percés d'arches sur lesquels le temps
n'a pu se permettre que des morsures légères et
superficielles.

Ces vestiges de l'époque impériale virent passer
aussi les invasions des Barbares qui surent la res-
pecter. Déjà Vérone avait ce charme qu'elle n'a
jamais perdu. Sa séduction s'exerça sur les Ostro-
goths et sur les Lombards, sur Théodoric et sur
Alboin, comme elle s'exerça plus tard sur Charlemagne, comme elle s'exerce à présent sur nous.
Aussi le clocher de Santa Anastasia qui s'élance
aujourd'hui si haut au-dessus des toits domine-

t-il un des groupements humains où se sont peut-être réunis en plus grand nombre, pour le plaisir de nos yeux, les palais du Moyen-Age ainsi que les souvenirs de la Rome Impériale et de la République de Venise.

Pas une rue, pas une ruelle, pas une place où l'on ne soit attiré, retenu par des jolies œuvres d'époques révolues : tours, balcons, tourelles, façades, escaliers à rampe artistique dont la première marche accueille le visiteur dès le seuil en bordure de la voie elle-même, comme en cette demeure si vénérable qui s'ouvre depuis tant de siècles sur le marché aux légumes, sur la Piazza del Erbe. C'est la vie moderne dans la plus ravissante cité du moyen-âge et des temps antérieurs. Le présent s'y meut dans le cadre d'un long passé. Quand on ouvre sa croisée, en s'éveillant, l'œil contemple, charmé, des toits, des cheminées, des agencements d'architecture comme il n'en a pas vus ailleurs et qui semblent faire la grasse matinée au soleil de septembre. C'est un enchantement ; c'est, d'ailleurs, l'éternel enchantement de la terre Italienne qu'elle soit d'autrefois, qu'elle soit d'aujourd'hui. Qu'on aille au nord ou au sud, qu'on traverse le val d'Arno, la vallée du Tibre ou celle de la Dora, qu'on suive la chaîne des Alpes ou celle des Apennins, c'est toujours le pays idéal, gardien des empreintes de son passé, idéal lui-même. C'est aussi et toujours la triple émotion historique, artistique et religieuse.

La croyance trouve ici des éléments nombreux. Les deux styles du moyen-âge concourent à la parure de Vérone. L'ancêtre du gothique, surtout, lui fournit des œuvres dignes de son siège épis-copal, un des plus importants de l'Italie septen-trionale. C'est ainsi que sa cathédrale, que san Zeno Maggiore, san Fermo, san Giovanni della Valle, san Lorenzo, représentent les plus belles églises romanes de la Péninsule. Quelle grâce que celle des porches sous lesquels s'ouvrent les grands portails de la cathédrale et de san Zeno, le porche de la première plus riche et plus déco-ratif avec son fronton exhaussé sur colonnettes et formant balcon, à la place des quatre fenêtres ogi-vales qui s'allongent, étroites, au-dessus du portail de san Fermo !

Complaisamment, comme par prédilection, le Moyen-Age a doté Vérone non seulement d'em-preintes en nombre exceptionnel, mais encore de souvenirs particuliers dont certains constituent des ensembles historiques et artistiques qu'en vain l'on chercherait ailleurs.

Telle la Piazza del Erbe, où le lion de Saint Marc qui rappelle la domination vénitienne est encore accroupi sur son fût de marbre rose, à l'ombre de la grande tour à créneaux. Les murs du palais où les podestats rendaient la justice portent encore des traces de leurs grandes fresques extérieures. Les baies, les croisées féodales, s'ouvrent encore sur cette place qui était le forum romain. Accoudées à des balcons figés là depuis des siècles, de jolies Véronaises, à qui nous ne saurions reprocher que de n'être pas de l'époque féodale elles aussi, regardent au-dessous d'elles les larges ombrelles blanches qui, sur la Piazza, servent d'abri aux vendeuses de fruits et de légumes contre le soleil de cette tiède matinée de septembre.

Tel le groupe des tombeaux des Scaligieri contre la petite église romane Santa Maria Antica. Le délicieux champ de repos qu'ont choisi là les maîtres de Vérone au xive siècle ! Dans cette miniature de nécropole, au cœur même de la ville, en bordure d'une des artères les plus fréquentées, close par une grille en fer forgé dont le

décor a pour motif principal l'échelle, la scala
d'où ils tirent leur nom, quelles châsses artistiques en marbre rose de Vérone, que les sépultures gothiques des Cane della Scala, œuvres élé-
gantes et superbes à la fois, reflet du goût, du
luxe, du prestige des chevaliers qu'on y a couchés
pour leur dernier sommeil !

Telle encore la Piazza dei Signori. Debout sur
son socle de marbre, médite, au centre de cette
place, le chantre de la Divine Comédie, si généreusement accueilli par le Mécène qu'était Cane
Grande, un des souverains les meilleurs, les plus
braves, les plus aimés de son temps. Tout autour,
s'était groupée la noblesse véronaise dont chaque
famille avait droit à sa tour à créneaux. Là s'épanouissent encore les demeures seigneuriales les
plus gracieuses, les monuments publics aux formules les plus heureuses, qui virent se trans-
mettre, des Scaligieri aux Visconti, dee Visconti à
la République de Venise, la puissance de ces aris-
tocraties amoureuses du faste, des lettres et des
arts dans lesquelles s'incarne et s'immortalise la
civilisation de l'Europe féodale et chrétienne. Là
s'offre à notre admiration la Loggia dei Consiglio,
cette merveille d'architecture, ce coffret à bijoux,

l'une des premières œuvres écloses de l'artistique
résurrection que fut la Renaissance.

Alors, en la personne des Lascaris, des Gaza,
des Démétrius, des Argyrophile, chassés de Stam-
boul par la barbarie des Turcs, la Grèce, mère
des lettres, venait, une fois encore, aborder aux
rivages latins. De Constantinople, ils avaient
apporté les chefs-d'œuvre oubliés de la patrie
d'Homère. Cosme l'ancien avait brisé les sceaux
sous lesquels l'indifférence tenait captives les plus
belles inspirations de l'âme et de la pensée hellé-
niques. Comme un parfum qui monterait d'une
cassolette ouverte, importé à Florence, le souffle
poétique éclos entre l'Archipel et la mer Ionienne
était monté du vieux palais Florentin, s'était
répandu sous le ciel d'Italie. Et le siècle des Médi-
cis était né. La Renaissance, sa sœur jumelle,
allait bientôt franchir les Alpes avec les armées
de Charles VIII et faire en France sa première
apparition au château d'Amboise.

Plus tard, san Micheli et d'autres artistes enri-
chiront Vérone de palais et de demeures seigneuriales d'un style différent, qui contribueront également à sa beauté. Toutefois, aucun d'eux n'aura
pour le visiteur le charme attendrissant de deux

vieilles demeures dans lesquelles on pénètre par un grand portail sous une arche à large cintre ouvrant sur une cour intérieure.

Restées ce que les siècles les ont faites, l'une est voisine de la sépulture des Scaligieri d'où on l'aperçoit : c'est la maison de Roméo. L'autre porte aujourd'hui le n° 19 de la via Capello : c'est la demeure de Juliette. Toutes deux ont perdu leur revêtement extérieur. Le temps patine les briques à nu autour des croisées qui encadraient le visage de Juliette, et, là-haut, sur ses consoles de pierre, le balcon d'où son regard s'offrait au beau descendant des Montaigut. Au fond de la cour d'honneur, on monte encore de l'eau du puits à vaste margelle des Capulet. Le balcon qui donne sur cette cour est celui de l'appartement même de Juliette.

Et, comme tous les pèlerins d'Italie qui passent à Vérone, nous allons à la tombe de l'infortunée Gibeline, dont la pensée chante encore jusqu'à nous sur la lyre de Gounod.

C'est le soir. A notre coup de sonnette, une femme vient ouvrir, un enfant sur le bras. Nous pénétrons dans le petit jardin bien clos dont les murs élevés s'ornent, par endroits, d'arbustes à

frondaison épaisse et groupés avec goût. L'atmosphère est bien celle qu'on s'attend à y trouver.
Surtout à cette heure, l'annexe de l'ancien monastère des Franciscains se recueille plus tristement
mystique et plus silencieux. Situé à l'extrémité de
la ville, les bruits de la foule y parviennent à peine.
Aussi nulle surprise ne vient-elle troubler notre
émotion. Le parfum de basilics plantés au couchant de la sépulture flotte dans l'air du jardinet.
La galerie centrale abrite l'objet de notre pèlerinage et la fresque où sourit le Père Lorenzo, mêlé
par la légende à l'aventure tragique. Elle s'appuie
à la chapelle d'où s'éleva si souvent la prière de
Juliette pour Roméo. Les derniers feux du jour
réveillent les couleurs éteintes de ses briques où le
rose fané se voile d'un glacis d'or. Entre ces colonnes fines et légères, unies deux à deux, pieuse allusion sans doute, gît un sarcophage sans couvercle.
Placées entre la galerie et le soleil qui s'incline sur
l'horizon, les feuilles d'un saule pleureur dessinent
leur ombre, en forme de larmes allongées, sur la
pierre brunie du sarcophage ouvert et vide de
Juliette.

Les siècles ont passé. Que de choses, que
d'événements, que d'êtres tombés dans l'oubli !

Mais on se souvient encore, on se souviendra toujours des amants de Vérone. Et, dans ce sarcophage ouvert et vide ne cesseront de s'amonceler des cartes de visiteurs émus, des fleurs les unes séchées, les autres renouvelées et déjà flétries et décolorées. Légende ou vérité historique, ne s'agit-il pas de la plus compatissante union de l'amour et de l'infortune, dans la cité même où, suivant le mot si juste d'un écrivain de nos jours, « les balcons attendent les échelles de soie. » Peut-être y a-t-il pour l'âme humaine, dans l'air de Vérone, plus de frissons voluptueux que dans celui d'aucune autre ville. Un demi-siècle avant notre ère, celle de Catulle en était déjà troublée. Il semble qu'il en soit passé quelque effluve dans l'âme et sur la palette du Véronèse. Non loin, en effet, la muse n'a pas les mêmes accents. Amoureuse à Vérone, elle est épique et pastorale à Mantoue. Vérone et Mantoue se réjouissent, à travers les siècles, d'avoir chacune son poète.

Mantua Virgilio gaudet, Verona Catullo.

L'épisode douloureux et tragique met une ombre au bonheur et à la fierté de Vérone, qui, souvenir d'antan, s'attriste toujours à l'évocation de Juliette et de Roméo.

VENISE

—

Venise, 14 septembre.

Nous avons quitté la station de Mestre. Nous glissons sur les rails du pont incliné des lagunes. Il descend, descend toujours, donnant au voyageur la sensation que le train qui l'emporte au-dessus de l'eau va s'enfoncer bien loin dans l'Adriatique.

Peu à peu la vitesse s'est ralentie ; l'on est entré en gare, et la machine s'est tue. Maintenant, plus de bruits d'aucune sorte, pas même de ces bruits imprécis, lointains, confondus, murmures des cités qu'on entend de leurs banlieues. Le silence, silence profond d'une ville où l'on arriverait très tard dans la nuit et où l'on ne rencontrerait plus une âme. Cependant l'heure de midi vient à peine d'être jetée aux lagunes par le timbre des sonneurs de bronze de la place Saint-Marc.

Aussi rien ne trouble-t-il l'émerveillement du premier contact. Ombre des Doges, salut ! Salut aussi, ombre de Canaletto, car voici les gondoles et, dans la pureté de l'air, les palais, le décor sans pareil du Grand Canal, de l'auguste avenue dont ton pinceau nous avait donné la vision et où se mirent les ogives, les balcons, les rosaces, les colonnettes de marbre blanc et rose. Le voici, l'idéal boulevard, jamais foulé ni par le talon d'un être humain ni par le sabot d'un cheval et qui ne connaît d'autre caresse que celle de la gondole et de la rame. Seule, cette caresse le distrait de son passe-temps favori : servir de miroir aux exquises façades dressées le long de ses eaux, jouir du plaisir avec lequel elles y contemplent leur image depuis des siècles.

Cité sans rivale, unica. Nulle part, la vie humaine ne sort de son cadre habituel, aussi épanouie qu'ici. Pas de végétation ; pas de plaines environnantes ; pas de collines qui se profilent à l'horizon ; pas un de nos moyens de transport urbains. La nature représentée par deux seuls éléments : la terre et l'eau. Pourtant l'on n'éprouve aucun regret de l'absence de tant de choses qui constituent pour tous l'appareil ordinaire de la vie. Au contraire, on n'en savoure que davantage la vision d'une cité de rêve, qui ne doit rien à l'ambiance normale des villes. L'architecture y forme, à elle seule, un paysage de pierres et de briques, si séduisant par la grâce de ses lignes et de ses perspectives, qu'il fait oublier la grâce des lignes et des perspectives au moyen desquelles l'œuvre de Dieu concourt ailleurs à la mise en valeur de l'œuvre humaine. Merveilleux décor artificiel par lequel le citadin sans égal qu'était jadis l'hôte de la lagune a su remplacer le décor naturel dont bénéficient les autres citadins du monde.

On est pris tout entier dès le premier regard. Tandis que les yeux jouissent de ce qui s'offre à eux, l'ouïe s'abandonne à la surprise de ne percevoir aucun des bruits accoutumés. Sans égal, unique comme elle, le silence qui veille sur la belle engourdie ajoute encore au charme de ses palais recueillis au bord de l'eau. Impression de détente et de bien-être indéfinissable ! L'âme s'emplit d'un apaisement inconnu jusqu'alors. On n'avait jamais éprouvé pareille chose à son arrivée dans aucune ville. Et l'on glisse étonné, muet de ravissement, dans sa gondole à la proue dressée en col de cygne. On glisse parmi d'autres gondoles qui sillonnent les mêmes eaux et dont chacune passe, comme la vôtre, sans autre bruit que celui de la rame du gondolier qui chuchote en plongeant et qui met sur l'eau endormie comme le rayonnement d'un sourire. Dans la lumière radieuse où baignent les demeures artistiques dont l'aristocratie de Venise s'est plue à embellir le grand Canal et ces ruelles liquides qui sont les Rios, l'œil goûte la double ivresse de contempler leur reflet après les avoir contemplées elles-mêmes. L'eau reproduit à l'envi les adorables façades de marbre aux tons les plus chauds. Germés des splendeurs du Moyen-Age, tourelles, portails, ogives, galeries à colonnettes épanouies en rosaces, se répètent sur la surface de l'eau, ne se lassent pas de s'y refléter depuis l'âge gothique où se sont dressées sur pilotis les résidences seigneuriales de cette altière noblesse à laquelle une petite cité lacustre doit l'histoire la plus glorieuse et la fierté d'avoir tenu si longtemps le sceptre des mers. Ce n'est autour de soi qu'images

reflétées. C'est l'incessante séduction causée par
le reflet, dans l'eau, de tout ce qui fait le charme
et la beauté de Venise, par le reflet de ses palais,
sur les couleurs vives et gaies desquels le temps a
mis sa patine la plus caressante ; par le reflet de son
ciel pur de septembre où n'ose s'aventurer aucun
nuage ; par le reflet de ses arbres, heureux de domi-
ner la clôture de leurs jardins en bordure des Rios
et de pouvoir, eux aussi, se livrer à la joie vénitienne de se regarder dans l'eau. Attentives à se
mirer, ces choses charmantes semblent sourire de
plaisir dans le silence qui les enveloppe et qui n'est
troublé, le jour, que par de rares appels et quel-
qu'éclat de rire. Dans la torpeur des nuits d'été,
l'oreille ne perçoit que la barcarolle du gondolier
qui passe ou des notes pointillées de mandoline
dans le cadre éclairé d'une croisée grande ouverte.

Silence et reflets, moitié de la séduction de
Venise, pourquoi faut-il que vous soyez inquiétés
maintenant par le nouveau barbare qu'est le progrès moderne ? Pour lui la gondole est un moyen
de transport trop vétuste et trop lent. Il l'a rem-
placée par la mouche à vapeur. Et désormais c'est
le bruit constant et banal des moteurs, alors que
neuf mille gondoles n'ont jamais troublé le repos

de ces voies liquides. C'est le mouvement incessant des hélices sur l'eau si calme des canaux et des rios où la rame du gondolier se bornait à jeter de loin en loin des rides fugitives sur les images reflétées. Ce sont tous ces joyaux d'architecture, ces arbres, ce ciel pur de l'été vénitien, privés du plaisir si naturel aux jolies choses qu'elles sont : celui de regarder, d'admirer longtemps, complaisamment, leur beauté redite par l'eau charmée de la lagune. La poésie de ton silence serait donc morte à jamais ? Le gracieux miroir de tes eaux serait-il donc brisé pour toujours, ô Venise ! Et l'haleine acide et nocive des embarcations nouvelles va-t-elle, ainsi qu'on le redoute, pâlir et décolorer ton visage, enchanteresse des lagunes, Ninon de Lenclos des cités européennes ?

Ah ! chute du premier homme, sois maudite une fois de plus ! C'est toi qui sèmes de fils d'argent la chevelure de nos mères ; c'est toi qui mets des rides aux beaux visages que nous aimons ; c'est grâce à toi si nous avons vu se fermer les uns après les autres des yeux qui nous versaient tant de tendresse. Nous te devons la fin de tous et de tout. Nous te devrons la fin de Venise à laquelle nous voici condamnés à penser déjà. Déjà descendent lentement dans les flots les assises de sa Basilique pour le portail de laquelle les chevaux de bronze de Lysippe ont laissé leur quadrige à Byzance. Et l'on se demande avec angoisse combien de temps encore s'épanouira, pour la joie des yeux, le décor idéal de tant de merveilles reflétées, combien de temps encore s'épanouira la délicieuse vision de la Place Saint-Marc et de la Piazzetta. L'on ne conçoit pas tant de beauté perdue. L'on ne se représente pas s'attardant sur des ruines et s'en allant tristement à lents coups d'aile les colombes qui viennent au voyageur, confiantes et familières, sous les mâts vénitiens où claquent à la brise de mer les couleurs italiennes, héritières des étendards de la République sérénissime et des drapeaux de l'Autriche. On ne s'imagine pas à l'état de débris les rosaces de pierre, les piliers qui se rejoignent en arceaux, les larges baies ogivales qui s'ouvrent sur la haute façade de briques roses de cet écrin qu'est le Palais des Doges. On n'ose penser à la fin dernière des soirs d'été qui semblent prolonger à plaisir sur la Piazzetta l'heure de nos enchantements et de nos extases.

C'était peut-être l'heure que choisissaient les Doges pour célébrer la cérémonie annuelle et symbolique de l'an de grâce 1178. Alors, le jour de l'Ascension, la plus somptueuse des galères qu'ait vues le Golfe sortait du port en grande solennité. Sous l'effort de ses rames frappées en cadence, la pourpre de l'étendard ducal à la corne de son mât, le Bucentaure voguait vers la passe du Lido. Monté sur la poupe entre le Légat du Pape et l'Ambassadeur de France, environnés de la noblesse vénitienne, le doge jetait à l'eau bleue l'anneau d'or, gage de son union avec l'Adriatique !

Ce soir, c'est un modeste esquif monté par deux marins ; c'est une barque de pêche qui se détache du quai des Schiavoni. Sur l'écran mauve derrière lequel se dérobent le Golfe de Trieste et la côte de l'Istrie, l'église qui occupe l'îlot san Giorgio, tout proche, son Dôme, son campanile élevé, son beau portique de Palladio, s'enveloppent d'une lumière dont la douceur est infinie. Le ciel se pare de cette tendresse et de cette pureté de coloris qui ajoutent encore à la poésie des soirs de septembre vénitiens et qui se retrouvent sur la campagne romaine et la colline du Pausilippe, teintes idéales comme n'en pourrait fournir que la palette de la Vierge si la Vierge peignait. La bar-

que s'éloigne. Sa voile latine prend la brise, se
gonfle et fuit vers le large. Dans la fête de ses couleurs fraîches et vives, elle se dirige vers l'ouest
où elle ne sera bientôt qu'un point. Ce n'est plus
la superbe galère des épousailles d'antan. C'est un
des messagers anonymes et familiers qui vont
porter, chaque jour, la caresse de Venise à l'Adriatique dont elle est restée l'auguste amante. Il n'y
a plus de Dandolo pour jeter l'anneau nuptial à
la mer d'Adria. Mais l'union n'a-t-elle pas été
scellée pour toujours par plus de six siècles de
constance ? Si Venise a perdu sur ces flots et
ceux de tous les océans le prestige qu'elle devait
à ses doges, jaloux de sa puissance maritime et
gardiens de son auréole, il lui reste, du moins, les
traits de son visage que le temps n'a fait qu'embellir et qu'on voudrait éternels, afin de lui assurer
à jamais, avec la fidélité de l'Adriatique, le culte
passionné de toutes les âmes de ce monde sensibles
à la grâce et à la beauté.

BONNETS BLANCS
ET RÉLIQUES FRANÇAISES

Bonnets de fil, de tulle ou de dentelle que portent encore quelques femmes du peuple, je veux vous dire le plaisir et l'émotion que j'éprouve à vous voir passer. Je veux vous le dire avant que sonne pour vous l'heure de la retraite. Car bientôt vous ne sortirez plus, puisque vous devenez de plus en plus rares. Vous n'avez plus que quelques jours à vivre, comme les feuilles que l'automne a jaunies. Pourquoi faut-il que vous partiez, que vous disparaissiez pour toujours, ainsi que tant de choses de France tombées dans l'oubli, perdues à jamais pour nos yeux !

Sans parler de la simplicité populaire dont vous êtes l'expression, il y a en vous plus qu'une

COLLARD.

coiffure. Nombreux, variés à l'infini, chacun de vous représente un paysage de France comme certaines fleurs représentent les régions qu'elles préfèrent. Grâce à vous, s'accentue encore la merveilleuse diversité qui est un des charmes de notre terre française. Vous mêlez ainsi votre originalité à celle de chacune des parties de notre territoire.

Filles de Cancale et de Boulogne, qui restez dans la note de vos mères et de vos aïeules, salut ! Vous êtes la tradition qui se perpétue ; vous êtes la famille, la belle cellule, le rayon séculaire de la ruche nationale qui se maintient et qui s'affirme. Vous personnifiez la durée de la race ; par vous, elle se manifeste impérissable en dépit du temps et des événements. Les couronnes tombent, hélas ! Qu'au moins, vos coiffes nous restent ! Les couronnes sont si lourdes, vos coiffes sont si légères !

Comme vous êtes bien un reflet de chez vous, sous la blanche auréole dont s'encadrent vos visages et vos sourires ! Bonnet de Cancale, tu nous rappelles la vieille cité, ta voisine, que gardent encore ses remparts. Tu nous rappelles la baie qui reçoit les eaux de la Rance et d'où les barques de pêche mettent le cap sur Terre-Neuve. Bonnet de Boulogne, fleur septentrionale éclose sous le souffle de la Manche et de la mer du Nord, tu nous parles des rivages bordés de dunes et de falaises, parfumés de la senteur des romarins ; tu nous redis la chanson de la Scarpe et de la Lys, tu évoques la grande voix de l'Océan dans le détroit du Pas-de-Calais.

Je te salue aussi, belle fille d'Arles, fruit savoureux de la petite Rome des Gaules ! Quelle grâce dans le ruban qui retient ton opulente chevelure et dans le fichu sous lequel se dessinent les lignes harmonieuses de ton buste ! Non contente de garder la pureté de ton type gréco-romain, tu gardes aussi la parure qu'a choisie pour toi le bon goût de tes ancêtres. Tu as raison. Ton profil de médaille n'en resplendit que mieux, sœur jumelle de Mireille, dont la démarche emprunte sa séduction aux paysages qui t'environnent, à ces paysages qui, dès les premiers jours d'Avril, semblent s'endormir au pied des Alpilles, dans la tiède campagne de Provence où ce qu'on appelle le chant des cigales n'est peut-être que le cri continu de leur admiration pour toi ! Grâces te soient rendues pour avoir compris que la parure des femmes dans le passé n'a pas eu d'autre inspirateur que leur type lui-même, et pour te montrer à nous bien femme et bien française en ayant la coquetterie de rester belle et de rester Arlésienne.

J'aurais dû tout d'abord m'incliner devant vous, ô filles d'au-delà des Vosges que la victoire nous a rendues et qui réjouissez nos yeux du coloris de vos costumes de fête. Coiffes variées de la Lorraine, et, toi, grand papillon qui planes sur les cheveux blonds de l'Alsacienne, salut ! Vous, c'est Metz et Strasbourg retrouvés, notre foyer national reconstitué, la famille française au complet. C'est, entrevu par la pensée, le mystère de vos forêts profondes et des rives de vos cours d'eau que l'imagination de vos anciens peuplaient de lutins et de farfadets. C'est Thann, l'antique forteresse, que reflètent, en passant, les eaux de la Thur. C'est la vallée de Saint-Amarin. Ce sont les houblonnières, les pampres des bords du Rhin ; c'est l'angle aigu des toits d'Alsace où les cigognes font leurs nids. Ce sont les restes vénérables du passé d'Obernai, les vieux donjons, les vieux castels, si nombreux là-bas et autour desquels flottent les légendes et les contes de fées.

C'est Sainte-Odile et le monastère de Hohenburg. C'est le culte des ancêtres dans le respect de leurs croyances. Mêlée à vos voix qui chantent les lieds des dimanches d'été, c'est la voix de la Mute enfin revenue pour chanter dans son clocher gothique votre joie et sa joie de redevenir française.

Si l'exemple de votre fidélité à la tradition pouvait être suivi par toutes vos sœurs des provinces, quelle France exquise se dresserait encore pour le plaisir de nos yeux ! Voyez comme elles sont quelconques, lorsqu'elles ne sont pas ridicules, pour la plupart, celles qui, en dépit du goût et du bon sens, ont renoncé à la mise classique de chez elles pour se livrer aux caprices de la mode. Ainsi, dimanches et jours de fête, le cinéma gratuit de la rue fait défiler devant nous des silhouettes qui semblent empruntées aux fables de La Fontaine illustrées.

Pauvre femme qui cherches à dissimuler ton origine, si tu savais en quel piteux relief tu la mets, au contraire ! Car tu ne trompes personne. S'il arrive parfois à notre œil de se laisser surprendre, notre oreille a tôt fait de nous renseigner. S'il t'est possible de faire illusion quand tu as de la ligne et du goût, dès la première phrase que tu prononces, te voilà trahie par ton accent, qui ne se plie pas, lui, aux mêmes caprices que toi et que tu ne saurais mettre au rebut comme tu l'as fait de ton bonnet. Si tu étais une coquette avisée, tu apprécierais la grâce particulière que la coiffure spéciale à la région d'où tu es te donnerait par sa naïveté associée à la naïveté de ton allure. Tu savourerais le parfum de terroir qui émane de son galbe, de ses dentelles, de ses tuyautages, dans lesquels les visages de tes aïeules se sont formés, dont ils ont été, pour ainsi dire, le moule, au cours des siècles, et qui sont, par conséquent, le moule qui s'adapte le mieux à ton propre visage. Aussi, lorsque je te regarde passer, si satisfaite de ce que tu crois être une transformation heureuse, ai-je envie de te crier : « Non, non, ce n'est pas une transformation, c'est un déguisement qui t'est funeste. C'est un air de chien savant que tu as échangé contre ta grâce sans apprêt de fille du peuple de la campagne ou de la ville. Divorcer avec ton origine ? Si tu penses qu'il est possible de le faire à jour fixe, à volonté, c'est une erreur que tu dois à ton extrême simplicité, comme tu en dois d'autres à ton orgueil. Divorcer si brusquement avec ton origine ! Non. Tu portes d'elle trop d'empreintes en toi ; elles sont si profondes qu'elles ne s'effaceront qu'à la longue et plus ou moins. Il y a loin de la chrysalide au papillon. »

Ah ! les fous qui brisent les vieilles idoles et qui renient hier d'un cœur léger ! Ne comprennent-ils pas que toute la saveur de la vie est dans le passé, puisque l'avenir c'est la page voilée où s'inscriront peut-être les pires désillusions !

Qu'avons-nous gagné à notre rébellion contre l'autorité de l'expérience ? Sortis de notre voie, engagés sur une route nouvelle sans autre guide qu'un programme de théorie et de rêve, nous voici menacés de toutes les surprises, lancés dans l'inconnu comme un boulet de canon qui ne sait où il va. Nous avons jeté par-dessus bord l'ancienne boussole nationale, réglée, perfectionnée par la science de toutes les générations précédentes. Nous l'avons abandonnée pour une boussole nouvelle, œuvre non de spécialistes mais de rhéteurs dédaigneux de l'expérience séculaire. Aussi son aiguille est-elle en perpétuel affolement. Mal aimantée elle ne subit pas l'attraction du pôle magnétique.

Si nous n'avions pas ébranlé le vénérable édifice
de notre civilisation occidentale, au point de
redouter son écroulement sous l'assaut des masses
populaires, nous contemplerions encore tes traits
d'Alma parens, ô France de jadis où rien ne faisait prévoir la lutte de classes qui allait surgir pour
nous diviser. Nous retrouverions un des éléments
de ta beauté morale dans ton unité nationale du
moyen-âge où les classes s'appuyaient l'une sur
l'autre et se complétaient parce qu'elles n'étaient
pas atteintes de ce chancre de la démocratie
qu'est l'envie.

Ah ! si c'est à cela et à tant d'autres déceptions
que nous entraîne l'évolution de la pensée dans
des sphères inexplorées et dangereuses ; si elle ne
doit pas nous conduire à d'autres solutions qu'à
celles qui nous sont offertes, retournons à nos
rêves d'antan. Conceptions d'autrefois, qui avez
présidé à notre merveilleux épanouissement dans
le passé, souriez encore à notre patrie désen-
chantée, désorganisée, désorbitée. Venez régner de
nouveau dans l'atmosphère de jadis, enfin recou-
vrée. Rentre dans ton cadre ancien, pauvre France
qu'on en a arrachée. Débarrasse-toi du badigeon
moderne qui nous dérobe ton adorable patine.

Reprends ton idéal visage. Retourne à tes paysages où, quand soufflait le vent, tournaient les grandes ailes des moulins, révélant, dans l'assoupissement des champs, la bienfaisante activité de la vie paysanne. A leur place, les fils et les poteaux télégraphiques et téléphoniques heurtent l'azur de nos campagnes, affligent les perspectives de nos avenues, mettent leur immobilité stupide au service de la vie trépidante et hystérique des générations nouvelles. Ferme tes Bourses, ces temples nouveaux pour lesquels on abandonne les anciens. Défends contre la réclame nos murs que souillent les affiches. Retrouve le pittoresque de tes cités, qui, chaque soir au coucher du soleil, relevaient les pont-levis de leurs portes, et aux remparts desquelles on voyait pointer, la nuit, l'arquebuse des fantassins de garde.

Rêve de poëte, dira-t-on. Et j'entends le mot fatidique qui satisfait tant d'esprits et rassure tant de consciences, le terme magique qui, pour beaucoup, résume toutes les félicités et toutes les ambitions : le progrès ! Oui, certes, nous avons réalisé des progrès qui font honneur aux cerveaux des fils d'Adam. Mais, scientifiques et matérielles, ces conquêtes de l'humanité peuvent-elles la dédommager de l'atteinte portée à l'idéal dont s'embellissait son existence ? Elle a la vapeur qui lui permet le parcours et la traversée rapides des continents et des océans. Mais elle traîne son ennui de train en paquebot, de wagon en chaise longue. Elle a l'électricité, cette autre lumière que le ciel généreux lui donne par surcroît. Mais il suffit d'un Pataud pour en priver une agglomération comme celle de Paris. Nos ancêtres qui s'éclairaient à la torche de résine, et leurs descendants qui brûlaient de la chandelle avaient, du moins, le sentiment que leur éclairage était bien à eux. Ils avaient sur nous cet avantage dont le progrès de la lumière nous a généreusement dépouillés. L'électricité devrait être pour l'espèce humaine un nouvel élément de gaieté. Mais l'espèce humaine n'a plus le sourire ; elle n'a plus la joie de vivre des générations précédentes. En dépit de cette autre lumière que son génie a découverte endormie dans l'espace et qu'elle fait jaillir à sa volonté,

Eant obscuri solâ sub nocte per umbras.

Est-ce parce que les étoiles sont éteintes au ciel ? Non ; nous pouvons les contempler encore, comme nous les contemplerons toujours, à leurs places respectives. Le verdict prononcé contre elles ne leur a pas été signifié : elles sont trop hàut, les tribunes de nos assemblées sont trop bas. Et leur lumière continue à descendre aussi pure, aussi brillante. Non, les étoiles ne sont pas éteintes. C'est la clarté du christianisme qui ne rayonne plus dans nos esprits et dans nos œuvres parce que nous avons mis entre elle et nous l'écran de nos conceptions humaines. Nous voici égarés maintenant dans un labyrinthe d'erreurs. Nous nous imaginons avoir revêtu la toge virile ; nous nous sommes emprisonnés dans la tunique de Nessus. Nous allons à la mort, nous croyant en route pour la vie. Une fois encore, nous sommes les victimes de notre orgueil. Jadis il nous a chassés de l'Eden ; il nous chasse aujourd'hui de nos croyances, de nos traditions, de tous les foyers de lumière où s'éclairaient nos âmes. Il a dit aux peuples : « Vous êtes majeurs. » Et les peuples, dont la masse se compose d'éternels mineurs, ont proclamé leur émancipation. Il a dit au torrent : « Fais tes digues toi-même. » Et incapable de bâtir, mais habile à détruire, non seulement le torrent n'a fait aucune digue, mais il a renversé toutes celles qui lui résistaient. L'on

s'achemine ainsi vers je ne sais quelle confusion
de toutes choses plus troublante que celle d'avant
la création. Car sur le chaos d'alors planait l'esprit de Dieu, sur le chaos auquel on retourne ne
planera que l'esprit de l'homme. Les descendants
actuels de Noë assemblent les matériaux d'une
nouvelle Tour de Babel. Déjà l'on commence à ne
plus se comprendre. Les mots changent de sens,
les cerveaux changent de guides, les âmes échan-
gent l'idéal catholique contre l'idéal indigent et
trompeur des encyclopédistes. Fraternité, terme
inscrit au fronton de l'édifice moderne, tu n'es
qu'un mot pâle et froid. Tu ne reflètes pas la sérénité de l'azur d'où est descendu le précepte :
« aimez-vous les uns les autres » dont tu n'es que
le synonyme sécularisé. Compare la civilisation
qu'a fait éclore et qu'a mûrie la chaude effluve
de la charité chrétienne aux conflits, au désordre,
aux destructions qui s'accumulent sous tes aus-
pices. Vois comme s'aiment les hommes qui ont
laïcisé le divin précepte et par qui les Voltaire et
les Jean-Jacques Rousseau se voyent préférer à
Jésus comme autrefois Barabbas. Ennemis les uns
des autres, leur haine a franchi les frontières ;
elle dresse désormais les peuples contre les peu-

ples. Et l'on voit monter à tous les horizons les premières lueurs d'un incendie que les conférences ne sauraient éteindre par ce que les ressentiments des peuples ne s'apaisent pas comme les ressentiments des princes, et que les égoïsmes nationaux ameutés sont plus dangereux que des ambitions de souverains.

Liberté, égalité, fraternité, mots empruntés au christianisme, vous n'êtes que des défroqués accrochés à l'enseigne d'une humanité veuve des bienfaits que vous proclamez et inconsciente de la duperie dont elle est victime. Elle ne veut plus de maîtres ; et elle se livre, passive, à des maîtres plus nombreux qu'autrefois, dissimulés sous d'autres noms. Elle ne veut plus de distinction ; elle ne veut plus de nuances ; elle ne veut plus de classes, elle ne veut plus d'élite ni de têtes. Elle perd de vue que, dans la forêt, ce sont les grands chênes qui protègent la croissance des plus petits, nés de leurs glands. Dans sa fureur hystérique contre tout ce qui le dépasse et contrarie ses instincts, l'homme du XXe siècle s'est attaqué à Dieu lui-même. Il l'a descendu des hauteurs de son Ciel. Il l'a déposé pour prendre sa place ; il s'est divinisé. Insolent et grotesque refusant l'hommage au Maître à qui sont dus tous les hommages, agenouillé devant sa propre raison métamorphosée en idole, l'homme se croit un dieu nouveau qui a vaincu l'ancien. Et, autour des autels de Molok et de Baal qu'il a restaurés sans s'en douter, et dont il alimente les holocaustes humains de sa chair et de la chair de sa chair, monte la clameur que poussait jadis, au bord de l'abîme, un grand peuple qui y est tombé : *panem et circenses !*

Après la secousse terrible de 1914 à 1918, les conférences se sont multipliées, conférences de Paris, de Londres et d'ailleurs. Phares qu'on a transportés d'une ville à l'autre, et d'Europe en Amérique, pour lutter contre l'obscurité des temps, ils n'ont pas dissipé les ténèbres répandues sur les sociétés modernes par les cerveaux modernes. Aucune clarté n'en sort, ils sont sans lumière. Et, pour reconstituer le monde qu'il a bouleversé, le dieu nouveau s'évertue, mais en vain, à commander : *fiat lux !*

Ah ! puisque c'est à cela que nous réduit l'évolution de la pensée moderne ; puisqu'elle doit avoir pour conséquence de réduire et de compromettre notre patrimoine moral et matériel, revenons aux idées abandonnées ; retournons à notre ancien organisme de défense sociale, politique et religieuse, à l'abri duquel on vivait en sécurité, à l'abri duquel on n'a fait que grandir. Si nos forteresses blindées ne nous offrent pas une protection suffisante, revenons aux remparts à créneaux, reprenons l'arquebuse et le mousquet. Déjà pour aider nos Lebel et nos 75, n'avons-nous pas, naguère, fait amende honorable à la grenade et à la tranchée des guerres anciennes, nouvelle et grande surprise faite au progrès, en attendant d'autres surprises en marche déjà.

Si la vitesse de nos moyens de transport et de communication doit troubler notre raison, diligences d'autrefois, coches des longs voyages, revenez. Nous vous accueillerons avec reconnaissance. Aussi bien nos routes sont-elles tristes maintenant, nos routes que n'égayent plus les grelots de vos chevaux et le claquement du fouet des postillons. Avec vous, il y avait plaisir à voyager. Vous traversiez les villes, les villages, les moindres hameaux que les trains se bornent à côtoyer, ne s'arrêtant qu'en des banlieues tristes et laides. Vous, vous alliez partout. Eux parcourent la France, c'est-à-dire la plus belle con-

trée du monde, à vol d'oiseau, indifférents à tout
ce qui contribue au charme des déplacements. Il
y avait un plaisir d'autant plus grand à voyager
avec vous que, de votre temps, pour n'incom-
moder personne, c'est votre impériale que choisissaient les amateurs de nicotine, répandus aujour-
d'hui dans les wagons à couloir. Ils accomplis-
saient alors tout naturellement un acte de galan-
terie quand ce n'était pas un acte de charité.
L'homme moderne a changé tout cela, donnant
le relief qui lui convient à son égoïsme de primitif
retrouvé dans ce qu'il appelle le progrès.

C'est surtout avec vous que le voyage avait
toute sa séduction, berline particulière dans
laquelle on partait à son heure. J'aime à me
représenter votre équipage engagé sur la route
royale à une allure qui ne fait courir de risque ni
aux gens ni aux bêtes. Je vous vois pénétrer
familièrement dans les avenues de chênes ou
d'ormeaux des manoirs. Vous arrivez à l'heure
où le feu des veilleurs s'allume dans la tour des
donjons. Vous vous arrêtez devant le sourire
accueillant des châtelaines. La nuit venue, tandis
que la remise abrite vos cuirs fatigués, le souper
se poursuit gaiement, à la lumière des flambeaux

de cire vierge. La domesticité s'empresse, nombreuse, disciplinée, dévouée. Elle est et se sent de la maison. Elle a les idées saines de l'époque. Elle ignore l'usine où le progrès matériel l'entraînera quand déclinera le sens moral des masses. Remplies à la margelle du puits, les aiguières mêlent le cristal et la fraîcheur des eaux de source au rubis des vins de France qui ne soupçonnent pas la mésalliance américaine que leur réserve l'avenir. Et la soirée se prolonge autour de l'épinette ou du clavecin. L'on danse une pavane, un menuet. L'on cause surtout, comme on sait causer alors. On se sert de vous, vieilles locutions qui avez tant de saveur pour nous et qui êtes restées dans le passé avec les bonnets blancs et tant d'autres choses. Il y a dans l'air un parfum discret d'essence de bergamote et de poudre à la maréchale. Les éventails à sujets mythologiques rafraîchissent les visages à mouches de velours qui sourient sous les hautes coiffures. Il y a de la beauté pour tous, même pour l'homme. Sa perruque poudrée, la soie claire de ses habits, l'élégance de son jabot, tout l'avantage. Aujourd'hui, son accoutrement lui fait une telle silhouette qu'elle déconcerte et décourage la statuaire. Jadis, ses manchettes de dentelle donnaient de la grâce même au geste de sa main quand il aspirait entre le pouce et l'index la poussière brune de sa tabatière.

Chers manoirs d'où les mélodies anciennes ont été exilées en même temps que le droit d'aînesse, où la cadence brutale de danses venues d'on ne sait quel outre-mer a remplacé le rythme gracieux de la sarabande et de la gavotte, chastes demeures auxquelles les charmes féminins d'alors apparaissaient si voilés qu'il vous fallait les deviner, je soupçonne les réflexions que vous inspire le présent. Elles s'apparentent à celles que doivent faire quelques-uns de nos vieux hôtels dont les persiennes, quand elles sont closes, me semblent leurs yeux un instant fermés sur le présent, heureux de s'arracher à l'existence actuelle, de revivre leurs souvenirs. Au bruit de l'auto qui leur jette en passant son haleine impure, c'est à vous qu'ils pensent, chaises à porteurs, si intimes, si personnelles, écrins charmants qui attendiez sous les balcons, pour les accueillir dans la soie de votre doublure, les jolies visiteuses d'antan sur lesquelles se refermaient leurs lourdes portes sculptées.

Souffles éteints, paupières à jamais fermées, et vous, choses disparues, encens consumé, parfums évaporés, passé enfin, je m'agenouillerais pour parler de vous, tant vous m'impressionnez. Restes précieux, reliques françaises, ah ! s'il plaisait à Dieu de refaire pour vous ce qu'il fit pour Lazare, je renoncerais volontiers, je renoncerais de toute mon âme aux progrès matériels dont nous jouissons et que je considère comme une compensation médiocre à tant d'avantages, à tant de poésie perdue. S'il plaisait à Dieu de vous ressusciter, j'oublierais la vapeur, j'oublierais tout ce dont le siècle dernier nous a gratifiés en commodité et en confort. J'oublierais la splendeur que l'électricité prête à nos fêtes s'il m'était donné de ne plus voir danser que la pavane et le menuet par des brunes et des blondes en paniers sous la lumière des anciens lustres de cristal. Quant à vous, interprètes vaniteux des auteurs dramatiques ou lyriques contemporains, artistes en vedette de nos scènes modernes, je vous abandonnerais tous à votre rampe électrique et... à votre suffisance, pour courir entendre, du balcon de quelque demeure féodale, un ménestrel anonyme qui viendrait, des profondeurs du temps écoulé, nous réciter des fabliaux ou nous chanter des récits rythmés de son époque, tandis que m'arriveraient les échos joyeux de rondes lointaines dansées au clair de lune.

Berlines, coches, diligences, revenez. Grelots de chevaux, résonnez encore. Postillons, faites claquer vos fouets. De grâce, arrachez-nous aux inconvénients et à la trivialité de nos moyens de transport actuels. Au lieu des voyageurs souriants qui partaient avec vous, voyez les masques hideux, les êtres informes qu'emportent les véhicules inattelés que sont les automobiles. Ecoutez la voix rauque de leurs sirènes, sur nos routes qu'ébranlent leurs trépidations malfaisantes. Voyez la buée malodorante dont ils nous enveloppent et la poussière sous laquelle sont ensevelis nos riants paysages de France par ces pourvoyeurs de la vitesse qui jettent le trouble dans la vie sociale de notre temps et grâce auxquels le foyer ne sera plus bientôt qu'une hôtellerie.

Revenez aussi, coiffes augustes de nos sœurs et de nos filles qui, exilées du monde pour le service de Dieu, subissent aussi l'exil de la patrie. Je vous salue très bas, vous qui abritez la rêverie mysti-

que et dont les ailes semblent s'offrir à ces âmes
d'élite pour leur communication avec le Ciel.
Vous dont la blancheur reflète la pureté de leur
conscience, vous vous confondez avec tous nos
horizons, coiffes austères sous lesquelles la charité, l'abnégation, le sacrifice parcourent nos
routes. Les refuges de celles qui ont pour vous un
sentiment si différent de celui des femmes du
peuple pour leur bonnet, contribuent aussi à la
physionomie de nos cités et de nos campagnes ;
et, dans le soir qui tombe, la voix des clochers de
leurs monastères fait écho à celle des clochers de
nos églises. Aussi, nobles exilées, ramenez-nous,
avec vos coiffes blanches, vos guimpes et vos
voiles, votre exemple qui sème l'apaisement dont
les âmes ont tant besoin de nos jours. Vous manquez à ceux qu'accable la douleur ou physique
ou morale, à ceux pour qui la souffrance fait la
nuit longue et cruelle et dont le regard ne se
repose pas sur votre profil où la prière met son
idéal reflet. Vous manquez à tous ; vous manquez
à vos cloîtres eux-mêmes. Leurs galeries, leurs
corridors n'ont plus la surprise de vos silhouettes
familières glissant à pas feutrés, silencieuses
comme des ombres. Vos chapelles abandonnées

se demandent avec mélancolie la raison pour laquelle elles ne voient plus, à la lumière que versent leurs ogives, vos bons visages dont la douceur rappelle ceux des saintes qui rayonnent dans le clair-obscur des vitraux.

Choses du passé, revenez, revenez. Puisque les âmes entrées dans l'éternité ne peuvent sortir du mystère où Dieu les retient, puisque, des hauteurs inconnues de l'au-delà, nos chers disparus ne peuvent que nous offrir leurs pensées et leurs prières, revenez, vous qui pouvez revenir. Derrière vous, nous abattrons la herse des ponts-levis pour que vous ne repartiez plus. Car avec vous reviendrait un peu de l'ancienne joie de vivre ; avec vous reviendraient les bonnets blancs partis. Votre présence retiendrait les bonnets blancs hésitants. Revenez. Dans ce siècle impatient de se moderniser, pressé de devenir impersonnel, c'est-à-dire insipide et banal, refaites-nous une France qui, parée de toutes les vertus et de toutes les séductions de jadis, retrouve son charme particulier, sa personnalité bien à elle. Rendez-nous une France qui, entrée de nouveau dans la gloire avec la Grande Guerre et ressaisie de respect pour son passé, le plus merveilleux des passés, se montre à l'univers plus radieuse que jamais. Rendez-nous une France qui, reprenant ses traditions, c'est-à-dire son auréole, soit encore, soit toujours, la plus poétique, la plus attirante, la plus idéale des patries.

LE BAPTÊME DE MEY

CONDAMNÉ A MORT CAMBODGIEN

« J'ai perdu hier encore un officier tué d'une
balle dans sa tranchée, et comme je me trouvais
seul auprès de lui quand il est entré en agonie,
une heure après avoir été frappé, notre aumônier
n'ayant pu arriver à temps, j'ai cru pouvoir prononcer sur lui les paroles sacrées : *Ego te absolvo
a peccatis tuis......* J'ai appris ensuite qu'il n'en
était pas du sacrement de Pénitence comme du
sacrement de Baptême, que mon intention était
bonne, et mon absolution sans valeur... »

Je lis cela dans l'*Echo de Paris* du 30 mars 1916.
C'est l'extrait d'une lettre adressée par le lieute-
nant-colonel Driant à l'un de ses amis.

Avec quelle simplicité ce héros dit son geste

attendrissant de camarade de bataille ! Quelle beauté dans l'attitude de ce preux tombé lui-même au champ d'honneur, peu de temps après, frappé d'une balle au front dans le bois des Caures immortalisé par la résistance des chasseurs alpins qu'il commandait ! Quel élan de charité dans l'intention de ce chrétien placé en présence d'une pauvre âme sur le point de paraître devant Dieu sans le secours du prêtre !

En lisant cette petite page qui est, pour l'âme française et croyante, une des grandes pages de la dernière guerre, les larmes ont rempli mes yeux et j'ai retrouvé un détail qui était perdu dans mes souvenirs.

C'était le 23 décembre 1900. J'étais alors Résident de Kompong-Spú, et j'avais reçu l'avis qu'un Cambodgien mis en jugement par le tribunal de Takèo était en route pour payer de sa tête dans un hameau de ma circonscription le crime de rébellion dont il s'était rendu coupable.

La loi cambodgienne prescrit que tout condamné à mort doit avoir la tête tranchée au lieu de sa naissance. C'est une très sage disposition. Grâce à elle, une exécution capitale laisse une impression tout autre que celles qui, chez nous,

se font sur la place publique d'une ville quelcon-
que où le condamné n'a aucune attache. Je n'en
veux pour preuve que l'émotion profonde et
silencieuse de tout le groupement humain au
milieu duquel le condamné Khmer vient consom-
mer son expiation, comparée à la curiosité mal-
saine, souvent bruyante et inconvenante de ceux
qu'à Paris ou ailleurs, une exécution capitale
attire auprès de la guillotine. Quand la société
décide de retrancher de son sein l'individu
qui constitue pour elle un danger, sa sentence
doit être exécutée de manière à impressionner
aussi fortement que possible. Une sorte d'exécution anonyme est inconciliable avec la gravité du
fait. Recourir au bourreau dans le village même
du condamné, c'est donner à la peine de mort
tout le relief et, si je puis m'exprimer ainsi, toute
l'authenticité qu'elle doit avoir. Je suis convaincu
que cette disposition du Code Khmer a pour effet
d'arrêter bien des coupables sur la pente du
crime.

En l'espèce, les actes que le condamné allait
payer de sa tête étaient d'une gravité exceptionnelle. La Résidence voisine de celle que j'admi-
nistrais avait été sérieusement troublée par la

bande armée dont il était un des Chefs. Aussi avais-je pris des mesures pour éviter un mouvement possible en sa faveur, et m'étais-je imposé l'obligation d'être sur place au moment de l'exécution.

J'avais quitté Kompong-Spú à dos d'éléphant, le 22 décembre avant le jour, et j'arrivai dans la matinée au village que désignait l'arrêt du tribunal de Takèo et dont le nom ne me revient malheureusement pas. C'est un petit hameau perdu dans une plaine de bambous sauvages, à la limite orientale de la Province de Phnôm-Sruoch. Trop pauvre pour avoir sa pagode, il avait, du moins, comme le plus humble des centres cambodgiens, sa sala traditionnelle, c'est-à-dire le refuge en paillottes et sur pilotis où le voyageur s'arrête pour la halte du jour ou de la nuit.

Mey, le condamné, y arrivait peu de temps après moi. Il était chargé de chaînes, conformément à l'usage dans ce pays où la police était alors si rudimentaire. Je le fis placer tout près de ma sala, au pied d'un manguier centenaire dont l'ombre épaisse l'abritait du soleil ; et j'ordonnai qu'on le laissât s'entretenir avec les gens du village qui désireraient lui parler, en présence du factionnaire en armes chargé de le surveiller.

Des parents et des amis vinrent lui apporter des mets et des friandises. J'avais autorisé qu'on lui donnât tout ce qui lui serait offert, à l'exception, bien entendu, du sra, c'est-à-dire de l'eau-de-vie de riz. Et, tout le temps, la pitié des campagnards s'appliqua à adoucir le dernier jour du condamné. C'est une âme éminemment douce et facile à attendrir que celle du cambodgien, une bonne âme d'aryen, très altruiste. Quand vint le soir, je vis allumer autour de Mey de petites bougies de cire vierge que des mains compatissantes renouvelèrent jusqu'à une heure avancée de la nuit. L'on causait à voix basse, comme au cours de la veillée auprès d'un mort. On lui avait apporté des nattes sur lesquelles il s'était étendu. Peu à peu, la conversation tomba et il s'endormit profondément jusqu'à l'aube.

A mon réveil, il était assis, regardant la plaine à l'horizon de laquelle montait le dernier soleil qu'il était appelé à voir se lever. Je m'habillai à la hâte, et tout le monde fut sur pied en un instant. Je fis donner au condamné une tasse de café et un petit verre de fine champagne qu'il eut l'air de prendre volontiers. Et nous nous dirigeâmes vers l'endroit indiqué par le mé-phum, le chef du hameau.

Le pauvre Mey ! Il était temps que son supplice arrivât à son terme. Voilà trois jours que ce supplice devenait de plus en plus pénible. D'abord il avait accompagné son complice au village d'origine de ce dernier, et il avait assisté à son exécution. La loi cambodgienne le veut ainsi. Le plus coupable de deux ou de plusieurs condamnés doit être exécuté le dernier, et sa présence est obligatoire à l'exécution de celui ou de ceux qu'il a entraînés au crime. Enfin l'heure était venue pour lui-même. En face de la mort, son complice avait crâné : « Mes amis, avait-il dit avant de s'agenouiller au poteau, si je n'engage personne à suivre mon exemple, je dois dire que je tiens pour agréable de m'en aller brusquement de ce monde en pleine santé. Que de malheureux souffrent, des mois et quelquefois des années, de la maladie dont ils meurent ! » Mey, lui, ne pensait pas à se montrer si brave. Il avait simplement l'attitude habituelle du Cambodgien marchant au supplice, c'est-à-dire cette résignation et cette force d'âme d'autant plus étonnantes chez lui que, dans la vie courante, sa caractérisque est la douceur unie à la faiblesse. C'est un mouton. Je ne crois pas qu'il existe un peuple aussi maître de soi en face de la mort. J'ai vu tomber bien des têtes au cours de l'insurrection de 1885-86, qui a été fatale à quelques-uns de nos nationaux et qui a creusé tant de tombes de soldats français au Cambodge. Je n'ai jamais remarqué une défaillance. En route pour le poteau, le Cambodgien allume sa cigarette d'une main qui ne tremble jamais, et sa voix ne révèle pas la moindre émotion.

Faut-il attribuer cette attitude au bouddhisme qui accorde aux âmes le nombre de vies nécessaire pour qu'elles puissent s'améliorer et arriver ainsi à la parfaite sagesse ? Je crois que non. L'Annamite appartient à la même religion, et il n'a pas, en pareille circonstance, le calme et la résignation du Cambodgien. Celui-ci a vraiment, à cette heure tragique, un courage qui fait notre admiration. C'est dans la race.

Pendant l'insurrection, trois Cambodgiens payaient de leur tête la mort d'un lieutenant français assassiné par eux aux environs du fort de Kompong-Tuol. C'était à Phnômpénh. Sur le bord de l'ancienne route charretière allant de la capitale aux provinces occidentales du Royaume et à la circonscription maritime de Kampot, sur le Golfe de Siam, avaient été plantés les trois poteaux qui devaient servir à l'exécution. La chose avait lieu rapidement et sommairement au Cambodge, à cette époque. Pas de bois de justice à transporter et à monter. Rien qu'un long glaive légèrement recourbé, sorte de cimeterre qui voyage dans son fourreau sur une des voitures à bœufs du convoi. La toilette préalable n'est pas nécessaire, le vêtement cambodgien laissant le col entièrement dégagé. La plupart du temps, le paysan a le buste nu. Le condamné s'agenouille, les mains liées derrière le dos, dont elles sont isolées par un poteau d'un mètre qu'on a planté en terre. Le bourreau fait incliner la tête. Deux éclairs brillent, la durée d'une demi-seconde : c'est le couperet qui s'élève et qui retombe. On entend le bruit d'un tronc de bananier tranché d'un seul coup : c'est le bruissement des chairs fendues par la lame d'acier. La tête se détache et tombe entre les genoux du décapité. Trois jets de sang s'élancent du buste qui s'affaisse sur lui-même, versant ce qui lui reste de

vie par la large plaie toute rouge. Les trois condamnés étaient agenouillés l'un devant l'autre,
le moins coupable en tête de file. C'est celui-ci
qui est exécuté le premier. Un jet de son sang
tombe sur le second qui ne bronche pas. Quand
vient le tour de ce dernier, son sang inonde la
poitrine du troisième qui reste impassible et dont
les lèvres, qui remuent parce qu'il s'est probable-
ment mis en prière, remueront encore quelque
temps après que sa tête sera tombée sur le sol.

Mey fait aussi bonne figure que tous ceux que
j'ai vu mourir. Grand fumeur comme tous les
Cambodgiens, il a accepté d'un parent une cigarette qu'il fume sans avoir l'air de penser qu'elle
est sa dernière cigarette. Si ses mains n'étaient
liées derrière son dos, rien n'indiquerait qu'il est
le condamné dont la dernière heure est si près de
sa fin. Je dois paraître certainement plus ému
que lui.

Arrivé au lieu de l'exécution, je le prends à
part. Je l'interroge sur certains détails de l'affaire
qui l'amène là et qu'il y a lieu d'éclaircir. J'ap-
prends ainsi qu'un prince a été l'instigateur de
la rébellion dont Mey a pris la direction.

Et, mon devoir de Résident une fois rempli,

j'en viens à l'âme du condamné à laquelle je pense depuis que j'ai connaissance de sa condamnation.

Je demande de l'eau qu'on m'apporte dans un « phtel » de cuivre. J'invite Mey à un sincère repentir de ses fautes et je le baptise : « Au nom du Père et du Fils et du Saint-Esprit. »

Cela fait, je m'éloigne aussitôt. Quelques minutes après, l'on vient m'informer que l'œuvre de la justice est accomplie.

Je n'ai plus qu'à regagner ma Résidence. Les éléphants sont bâtés. Je monte sur le mien, et nous partons. En passant devant le village, je vois la tête de Mey au haut d'un long bambou qu'on vient de planter à l'entrée, suivant la coutume cambodgienne d'autrefois. Je trouve à son visage une expression de calme et de sérénité que je me plais à considérer comme l'effet du baptême. Et je m'en retourne à Kompong Spú très ému de savoir si brusquement séparé des vivants un homme avec qui je viens de m'entretenir, mais tout à fait rassuré sur le sort qui lui est fait là-haut. Je n'en veux pour preuve que l'expression de son visage.

En route, nous traversons une clairière dont beaucoup d'arbres portent à leurs flancs de jolies

orchidées en pleine floraison. Je fais approcher
mon éléphant, j'en cueille des brassées que j'emporte à Spú. Le soir même, elles font à notre
table pour le réveillon de Noël une parure
comme en reçoivent rarement les nappes
royales.

Est-ce possible ? dira-t-on, présider à une exécution le matin et réveillonner le soir ! D'abord,
je ferai remarquer que je n'assistai pas en spec-
tateur à l'exécution de Mey. Mon rôle auprès
de lui fut officiel et à la fois tout d'attendrisse-
ment et de pitié. Et puis je ne voyais pas dans le
condamné une tête coupée, mais une âme sauvée.
Cette idée dominait toutes les autres. Et comme
on n'a pas tous les jours l'occasion de sauver
une âme, j'étais heureux et fis honneur au réveillon.

A quelque temps de là, je retrouvais une vieille
religieuse de mes amies, décédée maintenant
après quarante années d'apostolat au Cambodge.
On ne saurait déterminer, même approximative-
ment le nombre d'enfants moribonds qu'elle a
baptisés. Elle-même ne devait pas le savoir, car
ce nombre était certainement la moindre de ses
préoccupations. Mais il est tel qu'un prêtre fran-

çais de la mission cambodgienne me disait qu'elle « a peuplé le Ciel d'un nombre d'élus plus grand peut-être que celui de tous les missionnaires ensemble ». Je fus donc amené tout naturellement à lui parler de Mey et de son baptême. « Hélas ! il est nul, me dit-elle. C'était un adulte. Il fallait son consentement d'abord, et ensuite la préparation au sacrement, c'est-à-dire une instruction sommaire. » Mon Dieu ! quelle illusion m'enlevait ainsi ma bonne sœur Sylvère ! J'en resterais déconcerté toute ma vie si je n'avais, bien au fond de moi-même, l'idée que, si généreux, si compatissant, Dieu n'est pas resté indifférent à mon geste et à mon intention combinés avec le repentir de Mey. Il a donné à l'eau du baptême une vertu exceptionnelle. En regardant du haut du Ciel, au milieu des bambous sauvages, les deux hommes dont l'un, catholique, avait le si ferme désir de sauver l'autre, pauvre païen qui était un grand coupable et qui allait mourir pour expier, qui sait s'il n'a pas fait fléchir la règle et sa sévérité ? Qui sait s'il n'a pas donné à l'eau de la mare dont je me suis servi et en raison de mon intention un peu de cette vertu qui a ouvert les portes du paradis à tant de petits enfants et dont je voulais faire bénéficier ce grand enfant cambodgien que personne n'avait éclairé et qui, à défaut d'instruction, avait eu, du moins, à l'heure de l'expiation, un contact imprévu comme celui que je lui apportais ? Qui peut sonder l'abîme de la miséricorde de Dieu ? qui peut pénétrer les mystères de sa justice ? Si je gagne le Ciel, qui sait si, parmi ceux qui m'attendront là-haut, sur le seuil, je n'aurai pas la surprise de voir, auprès de ma bonne sœur Sylvère, qui m'a promis de venir me recevoir, à cette dernière station, le visage épanoui de Mey, les yeux bien ouverts, et me disant, les mains jointes à la hauteur du front, pour me rappeler le Cambodge où nous nous sommes rencontrés : « Ar Kun, Luk Résident », merci, Monsieur le Résident.

MATARIEH

—

Les pyramides, le sphinx, la plaine d'Héliopolis laisseront leur image précise sur ma rétine et dans mon souvenir. Mais ce dont ils garderont une empreinte ineffaçable, c'est un hameau perdu dans la campagne à six kilomètres du Caire, c'est Matarieh.

L'ère chrétienne vient de s'ouvrir. Les Rois Mages s'en retournent à leur terre d'Orient. L'étoile descendue pour les guider vers Ephrata est remontée dans les profondeurs du firmament.

Bethléhem frissonne encore de la Nativité. Mais l'Enfant-Dieu en est loin déjà. La fuite en Egypte l'a emporté bien au-delà des frontières de Palestine. Il est entré au pays des Pharaons. Et voici qu'à l'heure habituelle de son repos, sa mère et son père adoptif ont fait halte sur les bords du Nil.

A l'ombre d'un dattier, la Vierge s'est assise sur la croupe d'un sphinx de granit. Jésus s'est endormi sur ses genoux. Pour charmer sa rêverie pendant le sommeil de son fils, un ange offre des fleurs à la Madone, et des colombes toutes blanches viennent voleter à ses pieds.

Telle est la légende la plus voisine du premier Noël.

Cependant, bien au-dessus de l'horizon, dans la pureté de l'atmosphère égyptienne, se dessine un édifice lointain. C'est le temple d'Héliopolis, de la Cité du Soleil, qui est le but des augustes voyageurs et que le pseudo-évangile de « saint Mathieu, apocryphe hébreu des temps apostoliques », désigne sous le nom de Sotine, qui signifie la ville des idoles.

Une des plus belles du monde autrefois, et l'une des plus anciennes de l'Egypte, Strabon l'a visitée, une dizaine d'années auparavant, et l'a trouvée ruinée déjà, presque détruite. A l'époque où y arrivait le géographe grec, elle montrait encore, au milieu des débris de ses autres monuments, l'observatoire qui permit à l'Eudoxe de Cnide de perfectionner ses études sur le mouvement des corps célestes et d'être appelé le prince

des astronomes par le prince des orateurs romains.
Elle montrait aussi le sanctuaire de Phi-Ra, qui,
de sa colline artificielle, dominait l'antique cité.
Mais plus de collèges savants, plus un prêtre qui
s'intéressât à aucune science. Les grands cerveaux
de Rome et de la Grèce n'y trouvaient plus d'ali-
ment à leur docte curiosité. Le corps sacerdotal
n'était employé qu'aux sacrifices et à la garde du
taureau Mnévis, qui occupait l'enceinte extérieure
du temple. Entre temps, ils faisaient visiter aux
étrangers la demeure du philosophe d'Egine et
les curiosités du sanctuaire. Les deux principales
divinités qu'on adorait dans toute l'étendue du
territoire recevaient encore les hommages des
prêtres, mais ceux-ci n'étaient plus que des cice-
rones dans la ville où l'enseignement de leurs
prédécesseurs eut le privilège de retenir Platon
pendant trois années.

La petite caravane avance lentement. Sur l'âne
est la Vierge pressant contre elle l'Enfant-Jésus.
A pied, Joseph conduit la monture. Ils viennent
de traverser, sous le soleil brûlant, le désert qui
s'étend jusqu'aux derniers contreforts de la chaîne
d'Arabie. Tous trois sont fatigués. Joseph est à
pied depuis Bethléhem. Depuis Bethléhem, le

précieux fardeau confié à la Vierge est le plus souvent dans ses bras ou sur ses genoux. Il n'est guère pesant, certes. Mais elle est femme et faible, et le trajet du cœur de la Palestine au cœur de l'Egypte est long et dur. Elle est mère surtout, et s'inquiète pour lui de ce long parcours et de cette atmosphère embrasée. Il n'est pas seulement son Dieu qu'elle emporte loin de la Judée, loin d'Hérode, il est aussi son enfant de quelques jours, l'être fragile à peine sorti de sa chair. Elle se sent d'autant plus attendrie par lui qu'exilé sitôt né, il est sans toit, sans abri, fuyant vers l'inconnu, à l'âge où le berceau se fait si ouaté, si doux, si reposant pour les autres. Sa tendresse pour le fruit de ses entrailles s'accroît de la pitié qu'il lui inspire. Et son âme est torturée d'angoisse à l'idée que son enfant et son Dieu subit, lui aussi, la fatigue et la température dont elle souffre.

L'âne lui-même trouve sa charge plus lourde depuis qu'il s'avance sur le sable.

Enfin l'on atteint Héliopolis ; et le temple, alors connu sous le nom de Capitole de l'Egypte, s'offre aux divins émigrés pour la halte réparatrice. Mais à peine en ont-ils franchi le seuil que les colonnes, supports des statues des dieux,

s'ébranlent et se disloquent. Les 365 idoles de
pierre se renversent et se brisent. L'Erreur s'anéan-
tit au moment où la Vérité surgit sous le portique
du temple. Placée soudainement en présence et
dans le voisinage immédiat du vrai Dieu, la
matière inerte qui a reçu des hommages réservés au Maître de toutes choses semble prendre
conscience d'elle-même et du rôle qu'elle a
usurpé. Elle se détruit pour offrir ses débris à
celui qui, seul, a droit à l'adoration. Ainsi se
réalise la prophétie d'Isaïe : « Voici que le Sei-
gneur entre en Egypte, et les idoles tomberont
devant lui. »

Prévenu, Aphrodisius, gouverneur de la province pour le compte de Rome, accourt au
temple, entraînant avec lui des officiers et des
troupes. Les prêtres égyptiens s'affolent. Ils redou-
tent de voir venger sur leurs personnes les dieux
renversés. Mais, sitôt entré dans le sanctuaire,
le représentant de l'autorité romaine éprouve un
trouble inconnu. A la vue de toutes les idoles la
face contre terre, il comprend, et s'approchant de
la Vierge qui tient l'Enfant-Jésus dans ses bras,
comme les idoles de pierre il se prosterne et
adore.

Que sa dépouille repose en paix dans notre terre de France, gardienne de ses restes ! C'est en Gaule Narbonnaise, en effet, que, chargé d'années et converti par la divine leçon du Calvaire, se réfugia l'ancien gouverneur romain d'Héliopolis, pour devenir le premier évêque de Béziers. Il vint grossir l'auguste phalange de ceux qui, s'étant inclinés devant le Christ vivant, furent choisis par le Christ ressuscité pour apporter sa lumière à la fille aînée de son Eglise.

Les événements qui viennent de se produire ne sont pas pour Marie une garantie de calme et d'isolement. Le miracle, au contraire, a attiré la foule qui grossit autour des trois étrangers. Aussi se remettent-ils en marche pour s'arrêter à six cents mètres du temple, dans la campagne de Matarieh, qui était une des dépendances d'Héliopolis.

Là, sous le soleil ardent, s'offre à la Vierge l'ombre d'un sycomore au pied duquel elle peut enfin s'asseoir ; et, Joseph ayant en vain cherché aux environs de l'eau pour apaiser leur soif, une source jaillit soudain à quelques pas d'eux.

C'est à cet endroit que la Sainte famille décide de s'établir pour la durée de son séjour en Egypte.

Ceux qui le visiteront dans les siècles suivants
verront, tout près, un jardin connu sous le nom
de jardin de Baume, que les Arabes appellent
encore aujourd'hui le Balzam et dont la renom-
mée, répandue en Egypte, avait franchi bien loin
les limites de l'empire des Pharaons. Là se culti-
vait le baumier, dont la récolte était le privilège
absolu de deux uniques jardins : celui d'Engaddy
près de Jéricho, celui de Matarieh. Le produit
avait une telle valeur, accrue encore par sa rareté,
qu'après l'invasion musulmane, les souverains
d'Egypte, qui s'étaient emparés du jardin, se
réservaient la première récolte, la plus parfumée,
qu'ils envoyaient en présent, pour s'attirer leurs
bonnes grâces, au Grand Turc, au Négus d'Abyssinie et au Grand Khan de Tartarie. D'après
l'historien Josèphe, des plants de baume se trouvaient parmi les choses précieuses offertes à Salo-
mon par la reine d'Ethiopie.

La précieuse culture était-elle antérieure à la
venue de l'Enfant-Dieu ? Y vint-elle avec lui, conformément à la croyance que se transmettent les
chrétiens du pays ? C'est un point qui n'est pas
établi. Ce détail reste voilé pour nous comme
tout ce qui concerne l'enfance et la jeunesse de

Celui qui, venu pour racheter, n'a voulu se révéler que dans l'accomplissement même de son œuvre de Rédemption. Quoi qu'il en soit, nous rapprochons le séjour de la Sainte famille en un pareil jardin des paroles que l'Eglise met sur les lèvres de la Vierge : « J'ai exhalé mon parfum comme la cannelle et comme le baume odorant. Comme une myrrhe choisie, j'ai répandu une odeur suave. »

C'est là que j'arrive un dimanche d'octobre. La voiture que j'ai prise pour y aller me dépose, l'après-midi en face d'une avenue de rosiers. Je suis cette dernière, et me voici, après un détour, en face d'un arbre très vieux, du sycomore, de celui qui m'a attiré vers ce point extrême de la banlieue du Caire et que je regarde très ému : l'arbre de la Vierge.

Que de pèlerins m'ont précédé là ? Car la plupart de ceux qui visitaient jadis les Lieux Saints descendaient de Jérusalem au jardin de Matarieh dans le but de compléter leur pèlerinage. Après la bataille des Pyramides, qui eut lieu tout auprès, le 20 mars 1800, le général Kléber vint, de la pointe de son épée, graver son nom sur une des branches du sycomore. Je n'ai pas retrouvé ce nom glorieux, l'écorce ayant eu le temps de se reprendre depuis cinq quarts de siècle.

L'arbre n'est pas celui que nous connaissons en France sous le nom de sycomore et qui n'est qu'une sorte d'érable. C'est le véritable sycomore d'Orient, appelé aussi figuier de Pharaon. D'un bois incorruptible et lourd, il était utilisé de préférence pour les étuis de momies. Très commun dans la Basse-Egypte, il l'est aussi dans la Palestine et la Syrie. C'est monté sur un sycomore que Zachée regarde passer Jésus. C'est à un figuier de Pharaon, à un sycomore, que Judas se pend après sa trahison. « Infamem rapuit ficus de vertice mortem », écrit Juvencus. Celui de Matarieh est un vieux géant au tronc large, noueux et court. Divisé en deux parties, l'une d'elles est morte et s'affaisse sur la grille, l'autre qui supporte un gros bouquet de feuillage, donnait quand j'ai passé là quelques fruits, ressemblant à des figues.

L'arbre actuel aura bientôt deux siècles et demi. C'est un des descendants de celui qui abrita la Vierge. Avant que ce dernier ne mourût de vieillesse, on eut soin de prendre une greffe de lui. Ce fut l'arbre destiné à lui succéder. Depuis, l'arbre de la Vierge s'est ainsi perpétué. La dernière greffe prise en 1909 a donné l'arbuste que j'ai vu en 1910 et qui remplacera bientôt l'arbre actuel dont l'état fait présager la fin prochaine et dont la greffe remonte à l'année 1672. Tradition touchante et quasi miraculeuse, grâce à laquelle l'emplacement occupé par la Sainte famille pendant son séjour en Egypte se révèle aux siècles par un gage authentique.

La source est le souvenir de Matarieh, qui a le plus d'importance à nos yeux. D'après le témoignage de tous les anciens auteurs, écrit le R. Père Jullien, les musulmans ont, de tout temps, vénéré cette source comme douée d'une vertu merveilleuse. Elle devint si célèbre que la localité appelée en hébreu, du temps de Jérémie, Beth-Schemesch ou la maison du soleil, ne fut plus connue jusqu'au XIV⁰ siècle que sous le nom d'Aïn-Schemesch ou la source du soleil. Et cela s'explique. Les godets de la Noria de matarieh montent, en effet, de l'eau presque douce, tandis que ceux des autres norias, des sakyehs qui tournent aux environs et dans toute la vallée du Nil ramènent une eau salée, due à la formation du sous-sol où le sable est mêlé de sel. Le sol égyptien s'élevant de plus d'un millimètre par an, ce qui représente environ 2 m. 60 pour les dix-neuf siècles écoulés depuis la fuite en Egypte, son niveau, a fortiori celui de la source, à cette époque, est atteint aujourd'hui par les infiltrations du Nil. Néanmoins, la saveur de l'eau de Matarieh se maintient différente de celle des autres puits. Quand on pense que la distance du fleuve à Matarieh est de sept kilomètres, on se demande s'il est normal que l'eau du Nil, traversant une nappe salée de cette longueur, puisse être ce qu'elle est à sa sortie du puits de Matarieh. L'on comprend alors le nom d'Aïn, qui signifie source, donné à ce puits par les Arabes. Dans « Routes et Antiquités d'Egypte », Makrisi, cité par le R. Père Jullien, écrivait, en 1400, que « si l'on examinait le puits, on trouverait une source qui coule au fond. » Ce serait elle qui atténuerait la saveur salée des eaux d'infiltration qui la recouvrent et sous lesquelles elle se maintiendrait à son ancien niveau.

Pour le moment, elle garde son mystère, et nous n'avons sur elle que la tradition. Peut-être ce mystère, qui se confond aujourd'hui avec tant d'autres semés dans le passé, nous sera-t-il livré plus tard. En dépit de la vanité de notre savoir,

nous avons tant de secrets à pénétrer ! Dans
l'ordre d'idées qui nous occupe, pouvons-nous
nous expliquer comment l'autorité musulmane
se constitue à Matarieh, comme nous le verrons
plus loin, la gardienne inconsciente de cette tradition ! Comprenons-nous pourquoi le rêve de
Pierre l'Ermite ne s'est pas réalisé, pourquoi,
malgré deux siècles de vaillance, le Saint Sépul-
n'a pu être délivré pour toujours par les légions
enthousiastes à la tête desquelles marchaient des
Rois de France comme Philippe-Auguste, et
Saint Louis, des Empereurs d'Allemagne comme
Conrad et Frédéric Barberousse, des Rois d'Angleterre comme Richard Cœur de Lion ? Soupçon-
nons-nous les causes mystérieuses qui ont stéri-
lisé l'héroïsme de ces admirables phalanges de
croisés où brillaient Gautier-sans-avoir, Godefroy
de Bouillon, Robert de Normandie, le Comte de
Vermandois, Bohémon, le Comte de Cornouailles,
ce qu'avait produit de plus brave et de plus généreux la terre de France et d'Angleterre ? Nous
expliquons-nous comment, après dix-neuf cents
ans, le trésor de l'univers catholique était si
bien gardé par les autorités musulmanes tant
à Jérusalem qu'à Matarieh, alors qu'à la même

époque, les biens des religieux de France étaient
confisqués et vendus aux enchères par le gouver-
nement de la fille aînée de l'Eglise?

Indépendamment de l'unanimité des pèlerins,
des voyageurs et surtout des auteurs anciens, tant
Européens qu'Arabes, tant Chrétiens que Musulmans, ce qui donne du crédit à l'origine attribuée
par eux à la source de Matarièh c'est non seulement
la vénération dont elle n'a cessé d'être l'objet, mais
encore et particulièrement le sanctuaire qui a été
bâti près d'elle par les Coptes des premiers siècles
et dont les successeurs commémoraient la dédicace, ainsi que le R. Père Jullien l'a constaté sur
leur calendrier ecclésiastique : « Commemoratio
dedicationis Ecclesiæ Virginis Heliopolitanæ et
fontis miraculosi. » Les Coptes, étant les chrétiens
de la première heure dans la vallée du Nil, dispo-
saient de moyens de contrôle qui les auraient
laissés indifférents à la tradition relative à la
source s'ils l'avaient reconnue apocryphe. Et
toutes les églises coptes d'Egypte et d'Ethiopie
ont recueilli cette tradition que les croisés trouvé-
rent très vivante, à leur arrivée à Jérusalem ;
toutes ont commémoré la dédicace du sanctuaire
qui la consacrait. Le souvenir de cette dédicace

s'est même perpétué jusqu'à nos jours. Il donnait lieu, naguère encore, à la réunion annuelle des Coptes orthodoxes du Caire et des environs, et cette manifestation prenait le nom de Fête du Balzam ou fête du jardin de Baume.

Ce n'est qu'au début du XVIIIe siècle que disparut de Matarieh le dernier vestige de l'église élevée par eux à la Vierge, à l'aurore du Christianisme. Jusqu'alors, le culte avait suivi là-bas le sort de l'Egypte elle-même. Il avait subi le bouleversement des tempêtes religieuses et politiques de six siècles. Après quoi, l'invasion musulmane est venue, qui a fait tomber aux mains des pachas du Caire le jardin et ses précieuses reliques. Et ils leur ont témoigné jusqu'à ce jour un respect qu'il est impossible d'expliquer humainement. Attribuant aux eaux de la source une propriété merveilleuse, ils n'en boivent pas d'autre et la font garder. Le jardin est l'objet de leurs soins. L'arbre a leur sollicitude au point qu'ils assurent sa descendance, et, par suite, la transmission de la tradition qui s'y rapporte : le sycomore semblant n'avoir plus que quelques années à vivre, une greffe sortie de lui a été plantée tout auprès. C'était, en 1909, un arbuste de deux mètres de hauteur. Futur héritier du sycomore de 1672, c'est lui qui remplacera, dans le jardin de Matarieh, les vieilles sentinelles dont il est le descendant. C'est lui, qui, à son tour, deviendra l'arbre de la Vierge dont il perpétuera le souvenir, tandis que les Khédives, ses contemporains musulmans, continueront à affirmer, dans l'avenir, sans s'en douter, la tradition chrétienne dont il est un gage muet et à laquelle l'Egypte donne, pour ainsi dire, l'estampille officielle. Ses souverains se portent garants de son authenticité. Ils la font entrer dans l'histoire. Que signifieraient les soins constants donnés à ce coin de terre sans une raison d'ordre surnaturel à laquelle ont cédé les maîtres de l'ancien Empire des Pharaons, depuis les pachas jusqu'aux Khédives ?

Voici quelques années qu'une jolie église a pu s'élever tout auprès du Saint Lieu. Entreprise par un vénérable Jésuite, le R. P. Jullien, que j'eus la bonne fortune de rencontrer sur le parvis même, c'est une œuvre sans prétention, dont le campanile élégant domine le jardin, la source et l'arbre et dresse sa croix en face du minaret d'une mosquée peu éloignée. Un peintre de talent gracieux a fixé en de jolies fresques sur ses murs intérieurs les principaux épisodes de la vie de la Sainte Famille à qui elle est dédiée. C'est une note artistique d'une grande fraîcheur de coloris dans ce petit sanctuaire gaiement éclairé par le ciel lumineux d'Egypte.

En gravissant les marches qui donnent accès au portail d'entrée, nous pensions au verset : *Introïbimus in tabernaculum ejus. Adorabimus in loco ubi steterunt pedes ejus.*

Car tout porte à croire que ce fut le lieu d'exil choisi par la Sainte Famille. Dans la pensée que cet exil durerait autant que le règne d'Hérode en Judée, elle avait des raisons bien naturelles de s'établir à Matarieh, c'est-à-dire dans la plaine d'Héliopolis, parce qu'il existait là une colonie juive importante. Elle y retrouvait, par conséquent, sa langue, ses mœurs, et pouvait envisager, au milieu de compatriotes, des moyens de subsistance plus certains. La présence de Juifs, alors nombreux dans la Basse Egypte, est signalée par les historiens. Le Juif Philon, écrivain d'Alexandrie, antérieur d'un siècle à l'ère chrétienne, estimait leur nombre à un million. Dans le seul espace de quatre lieues qui sépare la cité de Belbeis de celle d'Héliopolis, les cartes mentionnent

deux endroits dénommés, à l'époque, « camp des
Juifs. » Les recherches de M. Ed. Naville ont,
d'ailleurs, sur ce point, conduit à des certitudes.
En 1887, il a découvert dans le désert voisin de
la cité du soleil une nécropole juive considérable.
Il est impossible de mettre en doute la nationalité
des morts trouvés dans les tombes explorées. Ils
n'ont pas été embaumés ; ils n'étaient donc pas
égyptiens. Et ils avaient tous une brique sous la
tête, ce qui est la caractéristique des sépultures
juives.

UN OBÉLISQUE QUI A VU PASSER LA VIERGE. — CRÉPUS-
CULE A MATARIEH. — SOUVENIRS DE LA BIBLE. — LA
DIVINE CHAUMIÈRE. — APPARITION.

Après m'être entretenu de toutes ces choses
avec le R. P. Jullien, vert encore en dépit de ses
quatre-vingts ans sonnés, j'ai pris la direction
d'Héliopolis ou plutôt de l'emplacement d'Héliopolis ; car il ne reste plus rien de la grande cité
du Soleil. Elle ne montre plus que de rares débris
de son antique enceinte, et Manéthon y chercherait en vain les archives du temple pour écrire

l'histoire de l'Egypte. Ces archives ont été dispersées ainsi que les pierres du temple lui-même Les sphinx, les obélisques, les aiguilles de Cléopâtre, qui étaient la parure de ses places et de ses avenues, ont été renversés, brisés ou emportés. Rome, Constantinople, Londres, New-York se les sont partagés. Seule la plaine environnante est restée à l'abri des injures des hommes et du temps.

Elle garde encore en ses profondeurs les lourds sarcophages des taureaux Mnévis adorés dans le temple. Sur les ruines faites par Cambyse cinq siècles avant notre ère, et sur celles qui se sont accumulées depuis, le sable des déserts de Lybie est monté, chaque année, apporté par les grands vents du Sud-Ouest. Il a tout couvert, tout enseveli sous son linceul dont l'épaisseur atteint maintenant près de trois mètres. A la fière cité de jadis a succédé un pauvre village Bédouin d'où l'œil aperçoit ce qui reste de l'enceinte et qui se recueille dans la misère à l'endroit même où s'étalaient les splendeurs d'Héliopolis.

Seul, au milieu des cultures de maïs et de coton qui s'étendent dans la fertilité des champs entretenue par le Nil, se dresse un élégant obélisque de

granit rose autour duquel on a écarté le sable
envahisseur. C'est le plus ancien de l'Egypte. Il
date de 2.760 ans avant l'ère chrétienne. Contemporain du Pharaon Osortasen, il porte le cartouche
du monarque sous le règne duquel il a été taillé.
Il a vu disparaître peu à peu tout ce qui se trouvait autour de lui. Ses compagnons sur la belle
avenue qui précédait le temple d'Héliopolis ont
été emportés à Rome, au temps des Empereurs.
L'un d'eux fait face au parvis de Saint-Pierre. Pour
réparer des siècles de faction devant le plus grand
refuge de l'idolâtrie égyptienne, il est en senti-
nelle devant le sanctuaire le plus auguste de la
chrétienté, la basilique des basiliques. Il avait
pour voisin jadis le premier prophète d'Amon,
qui s'en allait les pieds nus, la tête rasée, l'écharpe
blanche en sautoir. Il a pour voisin désormais
le pontife qu'on porte sur la sedia gestatoria envi-
ronnée de flabelles blanches, le représentant ici-
bas de l'Enfant qu'il a vu passer sur le bras de la
Vierge, aux jours où le fruit de l'Incarnation
s'abritait sous le figuier de Matarieh. Les autres
obélisques transportés avec lui dans la Ville Eter-
nelle ornent les places del Popolo, del Monte Cito-
rio, de Saint Jean de Latran. Il est resté seul, lui,

le plus vieux de tous. Et il est aussi le plus beau. Malgré les 4.700 ans depuis lesquels il regarde vieillir l'Egypte, il n'a, dans cette atmosphère qui conserve, rien perdu de la jeunesse qui rayonne sur son grain luisant et fin de granit rose.

Il est tout ce qui reste des choses d'Héliopolis sur lesquelles s'est reposé souvent le regard de la Vierge. S'il ne revoit plus ceux qui formaient avec lui le décor de la splendide avenue saccagée, s'il en revoit plus rien de l'ancienne Héliopolis, que lui importe ? Il a vu passer la Vierge et l'Enfant. Pour lui, ces deux silhouettes restent toujours présentes dans le paysage. Si le sycomore actuel n'a pas les lignes et la frondaison du centenaire qui leur prodiguait la fraîcheur de son ombre, il est, du moins, l'un des descendants qu'il a vus s'épanouir et mourir successivement au même endroit. Quand, son tour venu, disparaîtra celui que la vieillesse achève de dépouiller, il suivra, de sa pointe et avec intérêt, la croissance du nouveau sycomore, lui qui a connu le grand ancêtre, il y a 1.900 ans, lui qui n'a jamais été relevé de la faction qu'il monte là depuis près de cinquante siècles et qui semble devoir être éternelle.

La nuit vient. Je reprends le chemin de Matarieh. Ma voiture aux roues caoutchoutées avance sans bruit sur la route d'Héliopolis, bordée de grands acacias. Nous franchissons une chaussée large et haute. C'est un reste de l'enceinte, qui, jadis, protégeait la cité.

La lune, aux deux tiers de son volume, monte dans le ciel, légèrement voilée. La campagne va s'endormir des deux côtés de la voie que je suis et où passe tantôt une fellahine portant son enfant à cheval sur sa hanche, tantôt un âne, tantôt un chameau regagnant le logis avec sa charge de maïs ou de cannes à sucre, suivi de son maître. Et je pense que la Vierge a passé là, elle aussi, rentrant avec son fils, à la petite maison où, sa journée finie et ses outils rangés, les attendait, pour le repas du soir, le bon charpentier de Nazareth, devenu le charpentier de Matarieh.

Quelle évocation à cet endroit et à l'heure qui suit le coucher du soleil ! Elle ajoute quelque chose d'intraduisible à l'impression qui se dégage sous ce ciel si pur, si doux, si lointain, de ces plaines infinies plongées dans le silence du soir, dans ce silence du soir égyptien qui n'a pas d'égal au monde, aux abords du désert. La nature y montre un visage si recueilli qu'on la dirait

pâmée encore dans l'extase où l'a jetée le regard
de Dieu, descendu sur elle de si près. Telles nous
apparaissent l'Arabie pétrée, la Palestine et la
partie septentrionale des terres que baigne la mer
Rouge. Pendant le jour, le soleil, toujours présent,
y verse une lumière qu'on ne voit que là. Quant
au crépuscule, quant à la nuit, quant à la clarté
de la lune, quant au rayonnement des étoiles, ils
s'enveloppent là d'un charme particulier, péné-
trant, qui double le recueillement et la poësie des
choses et leur donne je ne sais quoi de plus mystérieux que partout ailleurs. La Bible ouvre toutes
grandes quelques pages de son texte. Dans la
douceur des paysages qui virent les événements
importants enregistrés par elle, ceux-ci se préci-
sent, s'animent, reprennent vie. Les scènes se
reforment sous vos yeux, dans le décor même où
elles se sont déroulées. Thermutis, au milieu des
roseaux du Nil, se penche sur la nacelle de jonc
enduit de bitume où vagit l'enfant sauvé des eaux.
L'Egyptienne Agar, en compagnie d'Abraham,
s'éloigne de Memphis où elle a reçu le jour et
dont je vois les palmiers à l'horizon. Avec la
caravane de marchands madianites à qui ses
frères l'ont vendu près de la vieille citerne, Joseph

arrive au pays du Pharaon dont il sera le ministre, alors que, là-bas, sur ses vêtements déchirés et trempés dans le sang d'un chevreau, Jacob et Rachel pleurent le fils préféré qu'ils croient dévoré par une bête féroce.

Mais c'est la Vierge qui occupe surtout ma pensée dans la campagne de Matarieh. C'est l'idéale figure de la Vierge que j'évoque dans la douceur du soir égyptien. Tandis que les feux du couchant pâlissent de plus en plus derrière les montagnes d'Arabie, c'est la silhouette de la grande exilée que je replace dans le cadre où elle a évolué plusieurs années.

Fleurs rustiques de la plaine d'Héliopolis, inclinez-vous très-bas. C'est le lys de Nazareth qui passe. Saluez la divine Galiléenne qui s'avance sans hâte pour rester au pas de son fils encore enfant, et qui refoule, pour lui répondre et lui sourire, les larmes dont se voilent ses yeux. Car c'est l'heure, qui, chaque soir, ajoute sa mélancolie à celle de l'Auguste privilégiée de l'Annonciation ; car l'obscurité qui vient lui semble un écran plus épais encore que la distance, dressé entre elle et sa terre de Palestine. C'est l'heure où son souvenir l'emporte et la retient aux paysages aimés. Il lui montre, déjà baignés d'ombre, les oliviers, les vignes, les palmiers de son beau vallon de Nazareth. Elle croit voir le soleil, qui descend à l'horizon de Memphis, jeter ses derniers rayons à la colline au penchant de laquelle est assise là-bas sa maison natale, demeure bénie où son sein tressaillit à l'Incarnation du Verbe, tandis que l'Ange rentrait dans le mystère d'où il lui avait apporté l'Ave-Maria.

Chères religieuses expulsées parmi lesquelles je compte une sœur, quand le poids de l'exil se fait plus lourd pour vous, pensez aux crépuscules de la Vierge sous le ciel de Matarieh, loin de Nazareth et de Bethléhem.

De nouveau, je descends au jardin. Je veux revoir la source et l'arbre, à cette heure qui met tant de recueillement et d'émotion dans l'âme humaine.

Mon imagination me ramène au temps dont j'évoque le souvenir. Il me semble voir l'humble chaumière rebâtie. Modeste asile de boue et de branchages, œuvre de Joseph lui-même, avec sa porte et son toit de broussailles, elle ressemble à celles qui se sont construites de tout temps dans la campagne égyptienne.

Là, dans le silence de cette habitation retirée,
j'assiste aux scènes sans apprêt de la vie quoti-
dienne. Entre maints détails naïfs, je vois les
repas qui s'achèvent et qu'égaient le premier
babil et les premiers pas de l'Enfant. Je contemple
la Madone assise, les yeux dans les yeux de son
fils qu'elle allaite. Il a le geste adorable, commun
à tous les enfants au sein, dans les contrées où la
température bienveillante les libère des entraves
de l'emmaillotement : il ramène à lui. en regardant sa mère, un de ses pieds potelés où les fos-
settes mettent comme des sourires. J'entends les
bruits familiers : la scie ou le rabot du charpentier, les éclats de voix du tout petit qui joue, les
appels de la Vierge quand il n'apparaît plus à
son regard. Iésou ! Iésou ! Que de fois durent
être prononcées là ces deux syllabes, et de quelle
passion respectueuse ne devaient-elles pas s'im-
prégner sur les lèvres de celle qu'un insondable
décret, l'élevant au-dessus des anges eux-mêmes,
avait admise à l'adoration du Souverain Maître de
toutes choses dans la personne de son propre
enfant ! Qui traduira les élans de la femme bénie
entre toutes les femmes, lorsqu'elle chantait tout
bas pour exhaler la joie de son idéale maternité ?

Qui évoquera pour nous la caresse de sa voix quand elle murmurait sa chanson pour amener le sommeil du Dieu qui était le fruit de ses entrailles ? Impuissant à en soupçonner le charme, je me plais, du moins, à m'imaginer la Vierge penchée, ravie, sur son beau poupon rose, fredonnant quelque vieille mélodie nazaréenne qui avait alourdi ses paupières à elle sur les genoux de sainte Anne et que, de Galaad à Saïda, d'Elmelech à Tibérias, fredonnaient toutes les mères de ce temps-là sur tous les berceaux de la Galilée.

Oui, elle a charmé ce coin de Matarieh la voix qui, au village d'Hébron, traduisit l'extase de la cousine d'Elisabeth, saluée dans sa divine maternité par le frisson de la vénérable épouse de Zacharie. Elle a charmé ce coin de Matarieh la voix qui a donné au monde le chant d'allégresse qu'il répète depuis dix-neuf siècles : le magnificat.

Dans la tiède atmosphère des soirs d'Egypte, elle se faisait entendre là, discrète et douce, au cours des causeries où revivaient les souvenirs de Bethléhem, de Nazareth et de Jérusalem, de Jérusalem que Marie devait prononcer Yéroushal-Aïm, donnant ainsi à ce mot de langue hébraïque l'accent particulier aux femmes de son pays.

Ah ! les causeries de Matarieh, les confidences de
ces deux âmes où le Ciel avait placé sa confiance
parce qu'il y avait mis ses reflets les plus purs !
Et les effusions de la Vierge pour son Dieu descendu en elle, sorti d'elle, vivant d'elle, aban-
donnant à sa sollicitude la faiblesse de ses premières années d'humanité ! Quels mots, quelles
formules de tendresse ne devait-elle pas trouver
pour Celui qui avait été la mystérieuse incarnation
de son Dieu dans sa chair ! Quelle musique enten-
daient ainsi, chaque jour, invisibles et muets, les
anges aux ailes repliées, gardiens de la petite
maison de boue et de branchages !

Echos de Matarieh, pourquoi vous êtes vous
endormis sous ce vieux figuier de Pharaon ? Mais
que dis-je ? Si vous êtes silencieux au hameau
voisin d'Héliopolis, je vous retrouve partout.
Vous revivez sous les voûtes de nos cathédrales,
dans la voix des orgues, dans celle de nos clochers d'où tombe l'Angélus. Notre oreille vous
perçoit dans le mystère que répand en nos nefs
d'église la lumière transfigurée des vitraux. C'est
quelque chose de vous qui passait sur les lèvres
de ma mère, lorsque, petits enfants, elle nous
groupait autour d'elle, à genoux pour la prière.

Je ne puis m'arracher au charme qui m'enveloppe. Cependant le crépuscule s'épaissit et la nuit arrive. Je fais un effort de volonté pour m'éloigner. Alors mon imagination m'offre la vision naturellement appelée à surgir, à cette heure et à cette place : la maison s'est reconstruite et s'appuie, silencieuse, au vieux sycomore. Au bord de la coupe en terre cuite posée sur l'établi, brûle la mèche qui trempe dans l'huile de palme et qui éclaire l'auguste chaumière. Glissé par l'huis entr'ouvert, un rayon de lumière traverse le jardin. Il baigne de clarté une femme agenouillée, penchée sur la source. Oh ! la radieuse silhouette de la Vierge ! Car c'est elle ! Profitant de la fraîcheur du soir, c'est la divine ménagère qu'il me semble voir, souriante, attendrie, occupée à blanchir les langes de son Dieu qu'elle vient d'endormir.

LES FUNÉRAILLES DE MISTRAL

27 mars 1914.

Nous revenons des funérailles de Mistral.

A 8 h. 58, ce matin, nous descendions du train à la petite station de Graveson, et suivions à pied la route qui s'allonge vers le village de Maillane, toute blanche sous un ciel tout bleu. Les platanes dont elle est bordée poussent à peine leurs premiers bourgeons. Aussi n'aurons-nous pas d'ombre sur les trois kilomètres que nous avons à parcourir. Mais il fait frais, et nous jouissons d'une matinée belle à souhait. Nous sommes dans la plaine merveilleuse comprise entre la Durance, le Rhône et la chaîne des Alpilles. C'est le jardin de la Provence. Grâce à lui, deux petites gares qui semblent insignifiantes sur la grande ligne Marseille-Paris sont celles dont le trafic de marchandises est le plus considérable : Barbentane et Graveson. Il est vrai que le paysan de ce coin de France a fait l'effort nécessaire pour assurer la fertilité de son sol. Il y a creusé des canaux d'irrigation, et sur chaque propriété se dressent des écrans de tuyas et de cyprès qui abritent les cultures contre la violence du « mistrau ».

A dix heures, nous atteignons la première maison de Maillane. Le coquet petit village ! Il est assis dans la campagne toute verte, sous le joli soleil de cette journée de printemps. Il a si bonne mine, il est si largement ouvert qu'il semble accueillir les visiteurs en souriant, bien que Mistral soit mort.

Nous arrivons à l'heure précise des funérailles. Ce n'est pas le convoi lugubre de nos villes où le noir met sa note unique, où tout s'enveloppe de noir, le corbillard, les housses des chevaux, les croque-morts, les parents, les amis, le ciel lui aussi quelquefois, où les couronnes elles-mêmes quand elles sont nombreuses, sont accrochées à des corbillards noirs.

A Maillane, les bannières de l'église sont sorties pour l'Homère provençal. Elles donnent au défilé quelque chose comme un air de procession. Les couronnes sont portées par des enfants, bambins et gamines qui, n'ayant pas de vêtements pour les jours de deuil, ont sorti ce qu'ils ont, tout simplement. Et la variété de leur mise reste dans la note des bannières et des fleurs que portent ces petits paysans.

Le soleil monte. Il commence à éclairer le pied de la petite tour pointue dans laquelle la cloche tinte le glas des funérailles. Cette cloche est toute neuve. A chaque balancement, le soleil jette un éclair sur sa robe de bronze. C'est elle qui a causé la mort de Mistral. C'est à son inauguration que le poète s'est refroidi là-haut dans le clocher. Et l'enterrement de Mistral est le premier qu'elle sonne. Quand nous quitterons Maillane, à quatre heures du soir, elle sonnera un autre glas, celui d'un vieillard de quatre-vingt-quatorze ans à qui Mistral disait récemment : « Quand vous aurez atteint le siècle, je vous ferai un beau centenaire ». Et lui de répondre : « Ah ! je ne souhaite pas votre mort. Mais si vous mouriez avant moi, j'aimerais voir vos funérailles. Ce qu'elles seront belles ! » Mistral n'a pas fêté les cent ans du nonagénaire, et celui-ci n'a pas assisté aux funérailles de Mistral.

L'église est voisine de la maison du poète ; mais on ne s'y rendra pas directement. Le cercueil parcourra le village. Ainsi le grand défunt repassera, dans un dernier pèlerinage, devant les seuils rustiques de Maillane où, chaque jour, revivaient pour lui de si simples et si attendrissants souvenirs. Il repassera sous les croisées familières d'où ne sont jamais descendus vers lui que des regards et des sourires amis. Et puis le convoi prendra ainsi toute son ampleur. Car si le village est petit, s'il a peu d'habitants, il a peine, à cette heure, à contenir la foule accourue des environs et d'ailleurs pour saluer, une dernière fois, celui qui fut un demi-dieu pour la Provence. On est venu d'Avignon ; on est venu de Marseille ; on est venu de loin ; on est venu de partout. A la nouvelle de sa mort, dans la campagne provençale, toutes les faulx, toutes les charrues ont été remisées dans les granges. A des lieues à la ronde, les paysans ont suspendu leurs travaux des champs, à la mémoire de ce fils de fermier qui a tant ajouté à la gloire de la terre de Provence.

On est venu d'Arles surtout, d'Arles où il a fondé
son œuvre matérielle : le Musée Arlaten, d'Arles
qu'il aimait particulièrement, qu'il a doté de souvenirs provençaux et qui complète sa belle œuvre de
poète et de rénovateur de la langue provençale.

Le convoi résume ce qu'a le plus aimé ce sim-
ple : la campagne qu'enlacent le Rhône et la
Durance et dont les pieds trempent dans la mer
latine qui a infusé en sa langue la saveur salée
qui fait son charme, langue où le soleil a laissé
couler un peu de son or et qui s'est donné la
sonorité nécessaire pour lutter contre les vents du
large, pour claquer au mistral. Les paysans défi-
lent, l'allure un peu gauche, dans leurs vêtements où se révèle l'inhabileté du tailleur de
campagne. Les femmes, nombreuses, ont la coiffe
et le fichu d'Arles, si gracieux, si légers, si coquets
dans le plein air du Midi ! Elles passent, silencieuses, offrant, sans le savoir, à l'admiration
de l'étranger la pureté de leur profil de médaille
où se retrouvent l'Espagnole, l'Italienne, la Grecque. On dirait revenues, pour rendre hommage
au poète si imprégné de leur sève et de leur âme,
celles qui fondèrent les premiers foyers et balan-
cèrent les premiers berceaux d'Arles, d'Avignon,

de Saint-Rémy, de tant d'autres agglomérations si vivantes, écloses jadis sous la lumière et dans la tiédeur de cette partie de la Gaule qui avait Massilia pour suzeraine.

Lui-même, voici son cercueil que portent au bout de leurs bras ceux qui ont salué, depuis qu'ils sont au monde, le beau, le bon vieillard de Maillane. Les planches de chêne dans lesquelles dort Mistral montrent leur bois ciré à travers les fleurs qui le recouvrent. Tous ont décidé de porter le brancard funèbre qu'ils conserveront comme une relique ; aussi ne cessent-ils de se relayer à ce poste d'honneur. Les mains calleuses de ces paysans tremblent d'émotion en pressant les traverses sur lesquelles Mistral les quitte pour toujours. C'est le dernier service qu'il attendait d'eux ! Tous veulent le lui rendre. C'est aussi un peu de fierté pour chacun. Il pourra dire : J'ai porté le cercueil de Mistral !

L'auteur de Miréio garde ainsi dans la mort la simplicité de toute sa vie. Ses funérailles ont la beauté qui convient au poète ; elles s'inspirent de la modestie de l'homme, elles sont en harmonie avec la petite maison de Maillane, avec l'existence même de Mistral.

Je compare la simplicité sans apprêt de ces funérailles à la simplicité voulue, orgueilleuse, de celles de l'auteur des Misérables, qui n'avait demandé, par testament, le corbillard des pauvres que pour s'en aller dans une belle antithèse, la dernière.

Mistral, lui, a exprimé le désir de faire la dernière étape comme la font tous ceux du village de Maillane que Dieu rappelle à Lui.

Tout à l'heure, quand on l'aura déposé sur le parvis de sa petite église, tout irradié d'or, ce ne seront pas les discours qui attendriront son âme, ce sera la dernière halte qu'il fera sous le soleil de chez lui, sous ce beau soleil qui a exalté sa nature d'artiste et qui a versé dans sa pensée le plus qu'il a pu de sa chaleur et de sa lumière.

Tout à l'heure, ce qui attendrira son âme, au milieu de la pompe d'amis connus et inconnus qui lui font escorte, ce sera une petite fauvette qui, d'un arbre de son jardin dont il recherchait l'ombre, lui jettera sa chanson, au moment où il passera devant sa demeure pour la dernière fois, se rendant au champ de repos d'où elle ne le verra pas revenir.

Il a oublié déjà les discours du parvis

de l'église. Il n'oubliera pas l'adieu qu'est venue lui adresser la petite fauvette de son jardin, devant sa maison aux volets fermés dès son cercueil parti, suivant la coutume provençale des campagnes.

Et l'apothéose continue. Toute la soirée, les visiteurs se sont succédé dans le petit cimetière de Maillane, attendrissant forum d'éternité dont les tombes en pierre blanche des carrières voisines s'allongent sans mélancolie sous le ciel toujours pur et le soleil toujours présent, toujours riant, dans la fertilité de cette plaine que regardent, du haut de leurs crêtes dentelées, les collines bleues des Alpilles.

L'église et le cimetière de Maillane ! Le poète a passé toute sa vie entre l'une et l'autre. Toute son existence, il a eu sous les yeux, sans en être lassé jamais : en face de sa maison, à cent mètres, son petit clocher pointu dont la voix n'a changé que le jour de sa mort ; derrière elle, à deux cents mètres, le petit enclos de sépultures que la sienne domine et dont les croix blanches dressées vers le ciel semblent l'affirmation muette de la Miséricorde Infinie faite par tous les trépassés du village au grand chrétien qui est venu les rejoindre. Ils font cercle autour du chevalier des Lettres provençales endormi dans l'élégant pavillon de la Reine-Jeanne qu'il a fait reproduire pour lui servir de demeure dernière. Souvenir de Cour d'Amour où repose à jamais le plus grand des troubadours, cette tombe voit, du haut de sa petite coupole, la plaine qui s'étend devant elle, baignée de soleil. Elle pourra dire à celui qui a tant aimé son village le nom du paysan qu'il a connu et qui passe là-bas dans la campagne.

Dans le silence des champs engourdis par la tièdeur du jour, Mistral entendra lui-même, les soirs d'été, le premier chant des cigales et l'angélus du clocher de Maillane.

ERRATUM

Page 48, avant-dernière ligne, lire l'image de Khopri, au lieu de l'image de Cheops.

TABLE DES MATIÈRES

ABBEVILLE. — IMPRIMERIE F. PAILLART